U0134212

全本全注全译丛书

中华经典名著

黄瑞亭　陈新山◎译注

洗冤集录

中华书局

图书在版编目（CIP）数据

洗冤集录/黄瑞亭,陈新山译注. —北京:中华书局,2023.12
（中华经典名著全本全注全译丛书）
ISBN 978-7-101-16421-3

Ⅰ.洗… Ⅱ.①黄…②陈… Ⅲ.①《洗冤集录》-注释②《洗冤集录》-译文③ Ⅳ.D919.4

中国国家版本馆 CIP 数据核字（2023）第 216791 号

书　　名	洗冤集录	
译　　注	黄瑞亭　　陈新山	
丛 书 名	中华经典名著全本全注全译丛书	
责任编辑	李丽雅　　周梓翔	
责任印制	陈丽娜	
出版发行	中华书局	
	（北京市丰台区太平桥西里 38 号　100073）	
	http://www.zhbc.com.cn	
	E-mail:zhbc@zhbc.com.cn	
印　　刷	北京中科印刷有限公司	
版　　次	2023 年 12 月第 1 版	
	2023 年 12 月第 1 次印刷	
规　　格	开本/880×1230 毫米　1/32	
	印张 8¼　字数 190 千字	
印　　数	1-10000 册	
国际书号	ISBN 978-7-101-16421-3	
定　　价	26.00 元	

目录

前言

由南宋宋慈撰写、成书于1247年的《洗冤集录》是当今中外学者公认的世界上最早的、系统的法医学专著,比欧洲公认最早的一部系统法医学专著、意大利医生福尔图纳托·费代莱的《医生的报告》要早350多年。

南宋是中国历史上经济发达、文化繁荣、法律完善、科技进步,但政权动荡不稳、军事冲突不断的朝代。《洗冤集录》成书于这个时代,完成于宋慈之手,是有原因的。

一是法律制度已较为完备。宋代已形成了较为严密的法典,为了保证实体法的有效实施,宋代构建了完备的审判、复核、监督检查机构体系,规定了详细的起诉形式,建立了收集、辨别、运用证据的制度。为防止司法官吏在审判活动中滥用职权、徇私舞弊等造成刑狱冤滥,其从制度层面对审判权进行了限制。随着中央集权的加强,在司法上,中央越来越广泛地行使审判权,提刑官制度就是中央对地方直接干预的司法审判活动。

宋真宗景德四年(1007),"复置诸路提点刑狱官",真宗言:"所虑四方刑狱官吏,未尽得人。一夫受冤,即召灾沴。"并亲自挑选朝官中"性度平和有执守者"为各地提刑官,设立提刑官公允断狱,完善对府县监督的司法制度。

二是法医检验已具备一定的经验基础。法医检验在我国有着悠久的历史,在战国年代已有专门的治狱之官,即根据伤、创、折、断的深浅及大小来确定罪行轻重。1975年出土的云梦秦简中,记载了当时的一些案件和检验情况,其细致程度令人赞叹。同时,我国检验史上也不乏优秀人才和经典案例,如"庄遵疑哭""张举烧猪""王臻辨葛"等,类似的案例被收录于诸多著作,如《内恕录》《疑狱集》《折狱龟鉴》《棠阴比事》等,供官员断案参考。另外,此时也已在尸检中积累了丰富的技术手段,如红伞验尸、白梅洗敷等,为形成系统的法医学著作提供了基础。

三是作者宋慈的个人经历与性格特点。作为朱熹的再传弟子,宋慈受到朱熹"仁政民本""视民如伤"思想的影响。他在本书序言中谈到,有时案情是信是疑难以决断,必定会反复深思寻找答案,生怕轻率行事,让死者白白地被翻动检验。可见,宋慈将案件受害者的利益、普通百姓的安危放在了心上。同时,朱熹"格物致知"的思想也深深影响了宋慈。他记录在《洗冤集录》中的检验方法,无不是通过长期实践总结出的宝贵经验。在序言的最后,他还恳请看到此书的官员们如果遇到书中未提及的检验方法或案例,一定要写信告诉他,以便补充完善。正是这种对真理不懈追求的态度,指引着宋慈完成了这部法医学著作。

结合自身的断案经历,宋慈本人对法医检验工作的认识也较前人更为深刻。他认为:"狱事莫重于大辟,大辟莫重于初情,初情莫重于检验。"法医鉴定结论是刑事诉讼案件的重要依据,是案件的重中之重。判罪量刑,没有证据就无从谈起。宋慈所主张的"洗冤",即是法医鉴定,有两层意思:一是通过鉴定来洗除冤枉;二是洗除误鉴、误判,这也是法医鉴定的本质所在。

一

《洗冤集录》的作者宋慈,在《宋史》中无传,在宋元时期的重要典籍《文献通考》中,也未曾留下任何记载。在相关的地方志中,对宋慈的记载也极为简略。如明代的《嘉靖建阳县志》，对宋慈只有百余字的记载。直到晚清时，史学家陆心源编撰《宋史翼》以补充《宋史》时，才将宋慈列入了《循吏传》。陆心源为宋慈立传，则基本上是抄录南宋刘克庄所撰《宋经略墓志铭》。

宋慈（1186—1249），字惠父，号自牧，出生于福建建阳的一个书香门第之家，具体日期不详。他的先祖宋咸是宋仁宗天圣二年（1024）进士，曾知邵武军，任广西转运判官等职，曾为《周易》《扬子法言》作注。在这种家庭环境中，宋慈接受了良好的教育。他自幼拜同乡吴雄为师，吴雄乃朱熹高足，也就是说，宋慈是朱熹的再传弟子。20岁时，宋慈赴杭州，拜主持南宋最高学府太学的闽北浦城人真德秀为师。真德秀以朱熹为宗，其格言"律己以廉、抚民以仁、存心以公、莅事以勤"对宋慈产生了终身影响，更是为宋慈一生铺垫了思想基石。宋慈求学多年，在仕途上却并非一帆风顺。直至宋宁宗嘉定十年（1217），32岁的宋慈才考中乙科进士，谋取了浙江鄞县县尉一职。遗憾的是，就在上任前，他的父亲病逝。按照当时的规定，宋慈居家守孝。

大约在嘉定十七年（1224），宋慈才调任信丰县主簿，不久赣州知州郑性之招他为幕僚。任期结束以后，江西南部发生了三峒叛乱，以南雄、赣州、南安三地为中心的数百里的地区都被攻占，石门寨和高平寨成为据点。江西提刑叶宰创建节制司，派宋慈平叛。宋慈立即奔赴山前，先赈济六堡的饥民，让他们不参与三峒叛乱。继而率兵攻占石门寨，俘虏敌方首脑。宋慈向叶宰报告，并率领义兵积极战斗，最终攻陷高平寨，捉到叛军首领。三峒之乱平定后，幕府向上请功，这成为宋慈正式进入官场的契机。

当时福建地区的汀州、南剑州、邵武军出现叛军，陈铧为招捕使，真德秀给陈铧写了一封信，推荐宋慈。于是，陈铧上奏后，传命宋慈与李华一同商议军事。宋慈率军从竹洲出发行进了三百多里，如期到达老虎寨会师。之后直取招贤、招德等地，收服邵武军，叛军首领无一漏网。汀州士兵囚禁知州陈孝严,据城抵抗。宋慈等人赶到汀州,暗中写下招安文书。他与李华一同坐堂,命令州中的士兵前来支取赏赐,士兵们都带着兵器前来。宋慈面色如常,下令杀了七个参与叛乱的士兵头目,同时出示招安文书,宽恕了余党,众人信服。陈铧认为宋慈有奇才,闽中平叛乱有功,推荐他担任长汀知县。

自此,宋慈历任福建长汀知县(1231)、邵武军通判(1237)、南剑州通判(1238)等职。嘉熙三年(1239)升任提点广东刑狱,次年移任提点江西刑狱兼知赣州。淳祐五年(1245)转任常州知州。淳祐七年(1247),提点湖南刑狱并兼大使行府参议官。后任宝谟阁直学士,奉命巡回四路。

淳祐八年(1248)冬,宋慈升任焕章阁直学士、知广州、兼任广东经略安抚使。执政期间顾全大局而宽恕末节,恩威并用。开置府衙两个月后,一日宋慈忽然感到四肢不协,但仍然亲自处理政务。州立学校举行祭祀孔丘的仪式,属下请求宋慈让其他官员代为行礼,宋慈却坚持亲自前往。之后,宋慈身体愈发不适,于淳祐九年三月七日(1249年4月21日)在任内去世,享年64岁。第二年,宋慈归葬于福建建阳崇雏里昌茂村。朝廷追封宋慈为朝议大夫,宋理宗赵昀在他的墓门上亲自题字以旌表他的功绩,并评价他是"分忧中外之臣"。

宋慈长期从事刑狱断案工作,对于决狱理刑的态度十分严肃认真。例如,原先广东官吏多不奉行法令,"有留狱数年未详覆者"。担任提点广东刑狱后,宋慈定下办案规约,责令官员限期执行,在八个月内审理了二百多名囚犯,为其中被陷害和冤屈的犯人平冤昭雪。由于宋慈"听讼清明,决事刚果","以民命为重",因此,在民众中间赢得了清官的名声。

在处理狱讼的过程中,宋慈特别重视现场勘验。他对当时传世的尸伤检验著作加以总结,结合自己丰富的检验经验,写就了一部完整而又系统的法医学名著——《洗冤集录》。该书刊行两年后,宋慈病逝,因此也可以说,《洗冤集录》是宋慈毕其一生精力完成的巨著。

二

《洗冤集录》的宋刊本迄今尚未发现，现存最早的版本为元刻本《宋提刑洗冤集录》。内容自"条令"起，至"验状说"终，共五卷、五十三条。

书中的主要内容包括：宋朝关于检验的条令、验尸的方法及注意事项、法医现场学、尸体现象、生前伤与死后伤区别、机械性窒息、机械性损伤、碎尸检验、交通损伤、狱中死亡、火烧死和汤泼死、中毒死、病死、针灸致死、尸体发掘、救死方以及法医妇产科学、法医昆虫学等。可以说，其涉及了现代法医学的大部分领域，不仅记载了案例和检验方法，而且全面、系统地阐述了相关检验原理和经验，是一部早期的、系统的法医学著作。

《洗冤集录》的成就主要包括以下几个方面。

其一，对一些主要的尸体现象，已有较为明确的认识。宋慈说："凡死人项后、背上、两肋、后腰、腿内、两臂上、两腿后、两曲䐐、两脚肚子上下有微赤色，验是本人身死后一向仰卧停泊，血脉坠下，致有此微赤色，即不是别致他故身死。"这里所称"血坠"，即指的是现代法医学中的"尸斑"。

其二，对自缢、勒死、溺死、外物压塞口鼻死四种机械性窒息进行了较详细的描述。关于缢死：自缢伤痕"脑后分八字，索子不交""用细紧麻绳、草索在高处自缢，悬头顿身致死，则痕迹深；若用全幅勒帛及白练、项帕等物，又在低处，则痕迹浅"。又指出："若勒喉上即口闭，牙关紧，舌抵齿不出；若勒喉下则口开，舌尖出齿门二分至三分。""口吻两角及胸前有吐涎沫。"关于勒死，指出它与缢死的不同之处在于"项下绳索交过""多是于项后当正或偏左右系定，须有系不尽垂头处"。关于溺死，强调"腹肚胀，拍着响""手脚爪缝有沙泥""口鼻内有水沫"等。

其三，探讨了机械性损伤，将其分为常见的"手足他物伤"与"刃伤"两大类。他物类似现在所说的钝器。宋慈详细介绍了皮下出血的形状、大小与凶器性状的关系以及根据损伤位置判断凶手与被害者的位置关系等。

其四，书中对中暑死、冻死、汤泼死与烧死等高低温所致的死亡征象做了描述，对现场尸体检查的注意事项做了系统的归纳。

其五，书中明确提出了动物对尸体的破坏及其与生前伤的鉴别。"凡人死后被虫、鼠伤，即皮破无血，破处周围有虫鼠啮痕，纵迹有皮肉不齐去处。若狗咬，则痕迹粗大。"

《洗冤集录》在检验依据方面做了比较系统的研究，这是宋慈在法律依据和检验原理方面探索法医实践的体现。这一点正是宋慈超越了其他人，使《洗冤集录》区别于历史上其他检验书籍的地方，也是《洗冤集录》被后世学者重视、公认、流行并传播到世界各地，成为传世之书的原因所在。其中主要体现了以下6个方面的思维与方法。

1. 律。验尸前心中要有一个准绳，这就是以法律条文为依据。哪些尸体该验，具体该怎么验，检验官要精通法律，对各种尸体的检验及其法律规定了如指掌。

2. 问。针对不同案件、不同尸体、不同场所、不同人群，"问"的内容和流程不同。"问"官员、老百姓、报案人，"问之又问""审之又审"，问得"一清二楚"，审后"明明白白"。《洗冤集录》里非常详细地记载了应"问"的具体问题，是书中的精彩之处。

3. 看。通过尸体上的种种痕迹，宋慈仿佛能够亲眼看到上吊者拿着绳索扣好绳结上吊，看到凶手把人绞死后伪装上吊，看到死者被谋杀后推入水中。"看"与"问"结合，恢复事件的本来面貌，从而得出结论，称为"事件重建"，形成了法医现场学。具体来说，就是了解案情、案由、经过，结合现场、痕迹遗留、尸体位置、损伤情况综合分析，看出破绽、查出真伪，使案件水落石出。

4. 借。宋慈善于借助不同学科、不同门类、不同手段的科学原理和研究成果进行尸体检验，如借助苍蝇嗜血的习性破获杀人案，利用了法医昆虫学的知识；如拿着油伞验尸，实质上是利用光学原理使尸体上的伤痕清晰可辨，这与现代法医学中用紫外线照射检查伤痕的原理一致。

5.鉴。鉴定就是要像镜子一样反映真实，找出不合理的地方。不合理的地方包括：与法不符，如应验而不验、不亲临检视、定而不当等，这涉及"法医法学"的问题；与情理不符，如自杀上吊颈部却发现勒痕或扼痕等，提出了"法医学死后造作或伪装"的课题；与损伤部位不符，如创口方向、起刀、收刀等损伤有自身的规律，也就是现在所说的"法医损伤学"内容；与窒息征象不符，书中介绍了吊死、勒死出现面部淤肿、胀红和眼睑出血等窒息征象及缢痕、勒沟、扼痕等的特征，涉及"法医学机械性窒息"的内容；与尸体腐败现象不符，书中不但介绍了一般尸体的腐败规律，也记载了与常规情形不同的各类保存型尸体，以及消瘦、体弱、年老等尸体不易腐败的现象，涉及"法医学尸体现象"的内容；与正常人不符，书中介绍了鸡胸、纹身、刺字等，涉及早期"法医人类学"的内容；利用不同疾病和不同中毒死亡的症状来研究猝死和毒死，涉及早期"法医死亡学和中毒学"的内容。

6.理。即指法医鉴定结论要有依据，也就是现在所说的证据意识。如生前烧死者由于呼吸作用会从口腔和鼻孔吸入大量烟灰，而死后被焚尸者口、鼻腔内没有烟灰；生前勒死、吊死应留下相应索沟或扼痕，有"面赤淤肿"的窒息征象，而死后伪装吊死者则没有上述征象；生前被钝器打击致皮下出血会出现红斑、肿胀，触硬；生前刀伤有出血、皮肉卷缩的现象，而死后割伤则肉白、皮肉不紧缩等。这是《洗冤集录》的精华所在。

当然，限于当时的科学技术水平、检验手段以及对各种死亡认识的不足，特别是不能进行尸体解剖，从现代法医学角度来看，《洗冤集录》的缺陷也是很明显的，但不能因此否认其在法医学上的历史地位和对现代法医学的深远影响。

三

《洗冤集录》在初次刊行后的几百年间屡有修订、增补,各种版本的卷数、小节标题甚至书名亦有不同。

《洗冤集录》初刊于南宋淳祐丁未(1247),由宋慈自刻。但该版本与宋代其他版本现皆不存。当时宋慈正值湖南提刑充大使行府参议官任上,故后世翻刻时又将此书题为《宋提刑洗冤集录》。

现存最早的《宋提刑洗冤集录》版本是元大德年间建阳余氏勤有堂刊本,现藏于北京大学图书馆。该本共五卷,半叶十六行,行二十七字,黑口,卷端题"朝散大夫新除直秘阁湖南提刑充大使行府参议官宋慈惠父编",有宋慈自序。该本成为日后众多版本的祖本。2005年北京图书馆出版社影印出版了建阳余氏勤有堂刊本《宋提刑洗冤集录》。

明初沿用元大德年间建阳余氏勤有堂《洗冤集录》刊本,共五卷五十三篇,现存南京图书馆。清兰陵孙星衍于嘉庆十二年(1807)依据元大德年间建阳余氏勤有堂本校刊,由顾广圻复校刊印,后又被收入《岱南阁丛书》中,称《岱南阁丛书》本,卷首有牌记"兰陵孙氏元椠重刊"字样。该本为五卷五十三篇,存慈作原序一篇,是目前流传最广的本子。商务印书馆发行的王云五《丛书集成初编》中收录的版本便是据《岱南阁丛书》本排印。

清嘉庆十七年(1812),藏书家吴鼒将宋慈《洗冤集录》、赵逸斋《平冤录》和王与《无冤录》三书汇集,并刻印成《宋元检验三录》。因当时孙氏与吴氏的《洗冤集录》重刊本都由顾广圻所刻,故可推测吴鼒重刻本是按孙星衍重刻所用元刊本覆刻。清陆心源曾藏宋慈《洗冤集录》影宋钞本。清代藏书家许楧于咸丰四年(1854)编刻《洗冤录详义》时曾用过此影宋钞本作校本,并校录了宋慈《洗冤集录》。

此外,《洗冤集录》还有明初杨士奇《文渊阁书目》(卷十四著录《洗冤集录》)、明代建阳闽潭城书林萃庆堂刻本《附刻宋提刑洗冤录》、明万历胡文焕覆刻本（收录在胡文焕万历年间所刻《格致丛书》）、万历《建阳县志·艺文志》"梓书门"著录明代建阳书坊《洗冤集录》刻本、附刊于《御制新颁大明律例注释招拟折狱指南》（其内容以宋慈《洗冤集录》为主，结合王与《无冤录》内容而成）、清康熙三十三年（1694）大清律例馆组织修订的《洗冤集录》（定本为朝廷正式颁发的官书《律例馆校正洗冤录》）、清康熙三十四年（1695）于琨辑注《祥刑要览》四卷（其中卷二、卷三为《洗冤集录》上下二册，以元刊《洗冤集录》为主）、清《四库全书》二卷本《洗冤集录》（从明《永乐大典》辑出）、咸丰四年（1854）许梿编刻《洗冤录详义》四卷（以《洗冤集录》为蓝本）等诸多版本。

在众多版本中，清代孙星衍依元刻本校刊的《宋提刑洗冤集录》、许梿的《洗冤录详义》等影响很大。本书采用的底本，即清嘉庆十二年（1807）孙星衍依元刻本校刊的《宋提刑洗冤集录》，其被认为是宋本《洗冤集录》的重刊。

四

作为一部系统的法医学著作，《洗冤集录》在世界范围内也有相当大的影响。元代的王与曾以《洗冤集录》为蓝本，增补编撰而成《无冤录》，1438年，高丽使臣李朝成将《无冤录》带回朝鲜，加注刊行，取名《新注无冤录》。在很长一段时间里，此书一直是朝鲜法医检验领域的标准著作。1736年，日本日源尚久将《新注无冤录》翻译成日文，其在短短的10年间6次再版，影响极大。

经由朝鲜、日本或越南，欧洲的一些国家也先后接触到《洗冤集录》，并将其翻译出版。如1779年，法国人将《洗冤集录》节译于巴黎的《中国历史、科学、艺术》论丛。1863年，荷兰译本刊出。1882年，法国医生马丁在《远东评论》发表了《洗冤集录》提要论文。1908年法文本正式出版。同年，德国人霍夫曼又将法文本翻译成德文出版。《洗冤集录》在欧洲的传播不只经由上述途径，还有来华学者直接传到欧洲的。如

1873年英国剑桥大学东方文化教授嘉尔斯来到宁波，并拜见宁波官员。当他来到官府后，看见官员升堂时案桌上摆着一本书，被派到现场验尸时也带着这本书，随时翻阅参考，就问这是什么书。官员告诉他，这本书叫《洗冤集录》，于是，他以极大的兴趣着手翻译，并将译名定为《洗冤录——验尸官教程》。完成后分期刊于英国《皇家医学杂志》，并有单行本。据不完全统计，《洗冤集录》传至邻邦及欧、美，各种译本达21种之多。其中，朝鲜3种、日本8种、越南1种、荷兰1种、德国2种、法国3种、英国1种、美国1种、俄罗斯（评介）1种。

　　鉴于《洗冤集录》对法医学的贡献，宋慈被公认为世界法医学奠基人。《洗冤集录》问世后，"官司检验奉为金科玉律"，"入官佐幕无不肄习"，凡"士君子学古入官，听讼决狱，皆奉《洗冤集录》为圭臬"。《洗冤集录》成为法医检验的指南，是司法官员手中必备的检验书籍。清代许槤在《洗冤录详义序》中这样表述："检验之有《洗冤集录》，犹谳狱之有律例也。"西方医学史家对《洗冤集录》也有很高的评价。1956年，苏联教授契利法珂夫《法医学史及法医检验》一书，把宋慈的画像印在了卷首，称他为"法医学奠基人"。1981年美国密歇根大学中国研究中心麦克奈特翻译出版了《洗除错误：十三世纪的中国法医学》，该书序言中明确指出："《洗冤集录》被认为是世界上现存最早的法医学著作，完成于南宋时期的1247年。这部作品，领先于在文艺复兴时期出现的欧洲法医学著作，如意大利人福尔图纳托·费代莱和保罗·扎基亚的著作。前者于1602年编著的《医生的报告》，被称为是欧洲第一部系统的法医学著作；而后者在1635年发表的《法医学问题》中第一次提出了'法医学'这一术语。"

　　值得一提的是，英国著名的历史学家李约瑟（1900—1995）在他的《中国科学技术史》（第6卷第6分册医学）中把宋慈的《洗冤集录》称为"科学革命之前最伟大的法医学著作"，并专门介绍了中国的法医学：①宋慈和他的时代；②《洗冤集录》；③宋慈之前的中国法医学；④秦简；⑤早期的证据；⑥元明时期的法医学发展；⑦清代的法医学发展；⑧与医学有关的有趣问题；⑨与欧洲的一些比较；附录，《洗冤集录》的版本及译本。该书把"宋慈之前的中国法医学"和宋慈《洗冤集录》出现以后的中国法医学与欧洲法医学进行比较，认为宋慈及其《洗冤集录》对中国乃至世界法医学做出了开创性的贡献。2017年笔者参与伯克哈德·马代亚编著的《世界法医学史》一书第四章《中国法医学史》的撰写，其中专门介绍了世界法医学奠基人宋慈及其《洗冤集录》。

　　由于《洗冤集录》成书于十三世纪，加之涉及许多生僻的古代医学、法律术语，相当艰涩难懂，因此在本次整理过程中，我们尽量在题解、注释中加入了一些宋朝司法检验制度、检验方法的科学解释等内容，以提高本书的可读性。

　　本书的题解部分由陈新山完成，注释和译文部分由黄瑞亭完成。感谢中华书局领导的信任与支持，感谢李丽雅、周梓翔二位编辑对本书倾注的心血，使得本书更具严肃性、科学性和可读性。

　　切望广大读者及专家学者不吝金玉，惠予指正。

黄瑞亭　陈新山

2023年8月

《洗冤集录》序

　　狱事莫重于大辟^①，大辟莫重于初情^②，初情莫重于检验^③。盖死生出入之权舆^④，幽枉屈伸之机括^⑤，于是乎决。法中所以通差令佐、理掾者^⑥，谨之至也。

【注释】

①狱事：刑狱之事，与刑事案件的判决相关的事。大辟：古代五刑之一，指死刑。

②初情：原本的犯罪事实。

③检验：指检验死伤。我国古代实行官验制度，秦代令史负责检验，自汉代至唐代由县令负责检验，宋代由州差司理参军、县差县尉负责检验。官府检验时令仵作、行人协助。

④出入：这里指出罪、入罪。"出罪"指把有罪判为无罪或重罪判为轻罪。"入罪"则指把无罪判为有罪或轻罪判为重罪。权舆：起始。

⑤幽枉：冤屈。机括：弩上发射箭矢的机件。比喻事物的关键。

⑥令佐：县令及其佐官。依下文"条令"，凡检验尸体，县一级应派县尉，县尉不在，依次派主簿、县丞。这些官员都不在，则县令亲往。理掾（yuàn）：宋朝司理参军的别称，是州一级掌管狱讼的官员。

【译文】

刑事案件没有比死刑判决更为重要的,死刑判决没有比查清原本的犯罪事实更为重要的,查清原本的犯罪事实没有比检验更为重要的。因为罪犯的生与死、罪行轻与重的最初依据,蒙冤与昭雪的关键,都由此决定。法律中规定派县令及其佐官、司理参军处理检验之事,是十分谨慎的。

年来州县悉以委之初官①,付之右选②,更历未深③,骤然尝试,重以仵作之欺伪④,吏胥之奸巧⑤,虚幻变化,茫不可诘⑥。纵有敏者,一心两目,亦无所用其智,而况遥望而弗亲,掩鼻而不屑者哉!

【注释】

①初官:刚就职的、没有检验经验的官员。

②右选:宋代吏部侍郎分左右选,掌右选者负责武官的选授。这里代指武官。

③更历:经历,阅历。

④仵(wǔ)作:官府雇佣的检验命案死伤的人。

⑤吏胥:官府中的小吏,负责簿书案牍等工作。

⑥诘(jié):询问,查问。

【译文】

近年来各州县都把如此重大的检验工作交给一些刚就任的官员,或是让武官去办理,这些官员阅历不深,便突然尝试办案,如果再加上仵作的欺瞒,吏胥的奸诈,那么案情就会扑朔迷离,模糊不清,难以查问。即使有聪敏的官员,仅凭一心两眼,也无法施展其才智,何况那些远远望着尸体不亲临察看,捂着鼻子轻视检验工作的官员呢?

　　慈四叨臬寄①，他无寸长，独于狱案，审之又审，不敢萌一毫慢易心。若灼然知其为欺②，则亟与驳下③；或疑信未决，必反复深思，惟恐率然而行，死者虚被涝漉④。每念狱情之失⑤，多起于发端之差；定验之误⑥，皆原于历试之浅。遂博采近世所传诸书，自《内恕录》以下凡数家⑦，会而粹之，厘而正之，增以己见，总为一编，名曰《洗冤集录》。刊于湖南宪治⑧，示我同寅⑨，使得参验互考。如医师讨论古法，脉络表里，先已洞澈⑩，一旦按此以施针砭⑪，发无不中，则其洗冤泽物⑫，当与起死回生同一功用矣。

【注释】

①四叨（tāo）臬（niè）寄：指四次担任提刑官，掌管司法刑狱工作。叨，谦词，表示承受之意。臬寄，从事刑法工作以寄身。臬，刑法。

②灼然：明显的样子。

③亟（jí）：疾速，立即。

④涝漉（lù）：同"捞漉"。原指从水中打捞，这里指验尸时对尸体的翻动、挪移。

⑤狱情：案情。

⑥定验：指检验结论。

⑦《内恕录》：一部早期的法医学著作，作者不详，已失传。数家：《内恕录》以下的几种相关著作，可能包括五代和凝、和㠓所撰《疑狱集》，南宋初年郑克所撰《折狱龟鉴》，以及南宋桂万荣的《棠阴比事》。

⑧刊于湖南宪治：指该书在宋慈任湖南提点刑狱时刊印出版。宪治，指提点刑狱司，路一级最高司法机构。

⑨同寅：同僚，同行。

⑩洞澈：即"洞彻"，通晓，透彻了解。

⑪针砭：用砭石制成的石针，亦指用针灸治病，后比喻发现或指出错误。

⑫泽物：施恩于人，做有益于人的事。

【译文】

宋慈四任提刑，没有什么其他特长，唯独对于断案，慎重地反复审核，不敢萌生一丝一毫的轻慢懈怠之心。如果明确发现案情中存在欺诈行为，就立即驳回；有时案情是信是疑难以决断，也一定要反复深思找出答案，生怕轻率行事，让死者白白地被翻动检验。每当想到有失实的案情，大多在初始时就出现了偏差；检验结论上出现的错误，原因都在于缺乏检验经验。有鉴于此，我博采近世流传的各种著作，对《内恕录》以后的几种书，汇集整理，订正错误，再加上自己的见解，编成一本书，起名为《洗冤集录》。在湖南提刑司刊印出版，提供给我的同行阅读，以便在审理案件时能互相参照验证。这就如同医生讨论古代的治病方法一样，在诊治病人之前，对经络血脉、肌肤与脏腑，已经先了解透彻了，而就审案而言，只要按《洗冤集录》所载方法进行检验，就不会有差错，那么此书洗除冤屈、有益于百姓的效果，当与医生治病救人、起死回生的作用是一样的。

淳祐丁未嘉平节前十日①，朝散大夫、新除直秘阁、湖南提刑充大使行府参议官宋慈惠父序②。

　　　贤士大夫或有得于见闻及亲所历涉出于此集之外者③，切望片纸录赐，以广未备。慈拜禀。

【注释】

①淳祐丁未：指淳祐七年，1247年。按干支纪年，这一年是丁未年。

　　淳祐，宋理宗赵昀的年号（1241—1252）。嘉平节：腊祭日的别称。宋代的嘉平节，一说为腊月初八。

②朝散大夫：宋朝一种有名衔而无固定职事的官。宋神宗元丰三年（1080），定为从六品。除：拜官，授官职。直秘阁：宋代官名，简称直阁。北宋端拱元年（988）始置，以朝官充任。宋神宗元丰年间（1078—1085）改制并入秘书省。后外任地方守臣、监司等亦带此职。湖南提刑：提点荆湖南路刑狱公事。提刑，提点刑狱公事的简称，亦称提点刑狱或提刑官，是掌管一路司法事务的最高长官。充：充任，兼任。大使行府参议官：即安抚大使署衙中的参议官。大使行府，安抚大使司的别称。当时陈铧为湖南安抚大使，宋慈是他的参议官。参议官，参预军中机务的高级幕僚。惠父：宋慈字惠父。

③历涉：这里指亲身经办的案件。

【译文】

淳祐七年嘉平节前十日，朝散大夫、新除直秘阁、湖南提刑充大使行府参议官宋慈惠父作序。

各位贤士大夫如果在自己所见、所闻以及亲身经办的案件中，发现有在本书列举的检验方法及案例之外的情况，恳切希望以片纸记录下来，惠赐于我，以便我把遗漏的内容增补进来。宋慈再拜禀告。

卷之一

一 条令

【题解】

"条令"即法律条文。宋慈的《洗冤集录》是一部为官吏验尸、断案提供借鉴的书籍,被后世延续使用。该书不仅撰写法医学检验方面的知识和方法,而且法律思想鲜明,在卷一的第一节即写明宋朝有关尸体检验的法律条令,其中对检验官吏渎职、失职或贪赃枉法的处罚做了明确规定。这些条文规定对于开展尸检工作起到了重要的法律保证作用,从中也可见当时的检验制度已比较完善。虽因历史条件所限,当时的有些条令与现代的相关法律条文有区别,但其中的大部分条文至今仍然实用,甚至部分条文比今天类似的法律条文还要细致严格。例如,"现场监督的主管官员受贿价值达到二十四绢而枉法办案的,没有官禄但参与检验受贿价值达到二十五匹绢而枉法办案的,都要被判处绞刑";"罪行只够流放以及受贿价值达到五十四绢但没有枉法办案,可发配到本地牢城服役"等。这些法律条文,更令我们感到法医检验鉴定工作责任之重大,更令我们感到着手制定和完善有关法医学工作的法律制度、条令的必要性和重要性。我国现代法医学奠基人林几教授(1897—1951)曾高度评价宋慈《洗冤集录》对人类法医学的贡献,并提出"法医学是国家应用医学"的观点，要求不仅要发展法医科学技术，而且要进行法医相关立法，这正是法医先贤对我国法医学的期望。

本节的法律条文主要包括以下几个方面：

（1）应检验而没有检验，没按时亲自到现场进行检验，或检验后结论错误等都要受到处罚。

（2）由谁检验及检验人员的回避、保密、上报制度，初检、复检制度。

（3）收受贿赂、贪赃枉法的处罚规定。

（4）如何定罪的条款。如头部因外伤而破裂，出现破伤风而死，按杀人罪论处；但如果不是因击打头部而是因之前其他部位外伤而得破伤风致死，则只能定伤害罪，不能定杀人罪。此外，还有诬告、故意陷害他人罪等。

　　诸尸应验而不验；初、复同。或受差过两时不发①；遇夜不计，下条准此。或不亲临视②；或不定要害致死之因；或定而不当；谓以非理死为病死③，因头伤为胁伤之类④。各以违制论⑤。即凭验状致罪已出入者⑥，不在自首觉举之例⑦。其事状难明，定而失当者，杖一百⑧，吏人、行人一等科罪⑨。

　　诸被差验复，非系经隔日久，而辄称尸坏不验者，坐以应验而不验之罪。淳祐详定。

【注释】

①两时：两个时辰，即四个小时。

②亲临视：亲自到现场检验尸体。

③非理死：指非正常死亡。

④胁：身躯两侧从腋下到肋骨尽处的部分。

⑤违制：违反相关法律制度、条令的罪名。

⑥验状：即检验官吏验尸后所作的检验报告。出入：指出罪与入罪。官员利用职权虚构事实陷人于罪，或把轻罪定为重罪的，称"故入"；有意替人开脱罪责，或把重罪定为轻罪的，称"故出"；因过失而办错案的，称"失入""失出"。

⑦自首觉举："自首""觉举"都是指罪人在罪行或过失未被揭发前的主动坦白交代。"觉举"专指官吏，"自首"则适用于官吏以外的人。自首觉举者可从宽处理。

⑧杖：即杖刑。宋朝刑种有笞、杖、徒、流、死五种，称"五刑"。杖刑是用大竹板、木棍等击打背、臀或腿的一种刑罚。

⑨吏人：指官府中协助官员检验尸体的差役。行人：官府里帮助检验官吏喝报死伤的人。当时料理丧葬的人被称为仵作、行人。一等：同等。科罪：定罪。

【译文】

凡是应该检验的尸体而不进行检验的；初检和复检相同。或者接到检验任务超过两个时辰还不出发的；遇到夜间则不计算在内，下条依此。或者不亲自到现场检验尸体的；或者检验后不定出要害致命死因的；或者检验结论判定不准确的；指把非正常死亡定作病死，把头部伤定作胁部伤之类。都按违反本朝法律制度的罪名论处。如果按检验官吏出具的错误验尸报告造成出罪或入罪的，即使检验官吏坦白自首也不在宽免的范围内。如果情况复杂不易验明，判定出现差错的，杖责一百，参与检验的吏人、行人和检验官受同样的处罚。

凡被派去复检尸体，如果尸体没有被停放太久，却动不动推说尸体高度腐败不能检验的，按应该检验而不进行检验论罪。淳祐年间审定。

诸验尸，报到过两时不请官者①；请官违法，或受请违法而不言；或牒至应受而不受②；或初、复检官吏、行人相见及漏露所验事状者，各杖一百。若验讫，不当日内申所属者，准此。

诸县承他处官司请官验尸，有官可那而称阙③；若阙官，而不具事因申牒；或探伺牒至，而托故在假被免者，各以违制论。

【注释】

①报到：即报案。请官：请邻县派官复检。发生人命案后，当地官吏初验认定系他杀命案，还要请邻县派官进行复检。

②牒（dié）：文书，公文。

③那：同"挪"。这里指有官员可派。阙：缺。这里指无官员可派。

【译文】

凡验尸，报案超过两个时辰还不请邻县官员检验的；违反请官检验有关规定，或者被请的官员有违法行为而不揭发；或者接到请官验尸的公文，应该接受而拒绝；或者参与初、复检的官吏、行人私自会面以及透露检验情况的，各杖责一百。如果检验完毕，当天不向主管官员报告的，也按此受罚。

各县凡受其他地方官府请求前去验尸的，本可派官前往却推说无官可派；或无官可派，却不呈上公文说明理由的；或探知验尸公文将到，却托故休假不承担检验任务的，都按违反制度的罪名论处。

诸行人因验尸受财，依公人法①。

诸检复之类应差官者，差无亲嫌干碍之人②。

诸命官所任处，有任满赏者③，不得差出，应副检验尸者听差④。

【注释】

①依公人法：依照处罚官吏的法律进行处置。古时官吏称"公人"，行人在宋朝虽不属于"公人"，但又是替官府做事的，因此如果出了问题，也依照处罚"公人"的条款进行处置。

②亲嫌干碍之人：指与涉案人有亲戚关系或其他利害关系的人。干碍，妨碍，关涉。

③任满赏者：指任期已满等待升调的官员。

④听差：听从差遣。这里指由副职代即将离任的官员处理案件。

【译文】

检验人员凡是因为验尸而收受贿赂的，按处罚官吏的法律进行处置。

凡初检、复检等事需要委派官员的，应派与本案没有亲故嫌疑、不妨碍公正的官吏前往检验。

凡是朝廷命官在其所任职的地方，有任期已满等候升调的，不得被派出检验，应由副手听从差遣前往验尸。

　　诸验尸，州差司理参军①，本院囚别差官②，或止有司理一院，准此。县差尉③。县尉阙，即以次差簿、丞④。县丞不得出本县界。监当官皆阙者⑤，县令前去⑥。若过十里，或验本县囚⑦，牒最近县。其郭下县⑧，皆申州。应复验者，并于差初验日先次申牒差官。应牒最近县，而百里内无县者，听就近牒巡检或都巡检⑨。内复检应止牒本县官，而独员者准此，谓非见出巡捕者。

　　诸监当官出城验尸者，县差手力伍人当直⑩。

【注释】

①司理参军：宋朝在诸州设司理参军，掌管狱讼审讯等事。

②本院囚：指州司理院关押的囚犯。别：另外。

③尉：宋朝在县一级置县尉，掌全县治安。

④簿：即主簿。县一级掌管财产、粮食、账簿的官员。丞：县丞。县令的副职。

⑤监当官：本是宋朝差遣官的总称，指朝廷派往地方管理税收、专卖等事务的官员。这里以"监当官"指代上文中亲临现场负责检验尸体的官员。

⑥县令：县的行政长官。

⑦本县囚：指关押于本县监狱的犯人。按宋朝法律，本县囚死亡必须请邻县官员检验。

⑧郭下县：州府所在地的县。

⑨巡检或都巡检：都是宋朝在沿海、边疆、少数民族地区设置，掌管捕盗、治安巡逻和检验事宜的官员。

⑩手力伍人：指由官府雇佣、受官员差遣的杂役人员，由百姓按编伍户轮流当值。当直：当值，当差。

【译文】

凡是验尸，州一级要派司理参军去，司理院的在押犯死亡，应另派官员检验；如果州只设理院，可仍由司理参军检验。县一级应派县尉去。如果县尉不在，就依次派主簿、县丞去。县丞验尸不能出本县界。如果上述主管官员都不在，那么县令应亲自去。如果尸体现场在十里以外，或检验本县死亡的囚犯，应发文书让最近的邻县官员去。州府所在地的县发现命案的，均应报请州进行检验。法律规定应该复检的，都应在派初检官的当日，先发文书申请派复检官。应该发文书让最近的邻县派官检验，但百里内没有县城，可发文书由附近的巡检或都巡检前往。这种情况下复检应只派本县官员，若本县只剩一个检验官员则可照此办理，但指的不是当时外出执行巡捕任务的官员。

各检验官员出城验尸，县里可派杂役跟随当差。

诸死人未死前，无缌麻以上亲在死所[①]，若禁囚责出十日内及部送者同[②]。并差官验尸。人力、女使经取口词者[③]，差公人。因及非理致死者，仍复验。验复讫，即为收瘗[④]。仍差人监视，亲戚收瘗者付之。若知有亲戚在他所者，仍报知。

诸尸应复验者，在州申州，在县，于受牒时牒尸所最近县。状牒内，各不得具致死之因。相去百里以上而远于本县者，止牒本县官。独员即牒他县。

【注释】

①缌（sī）麻以上亲：指五服以内的亲属。古代按照亲疏远近将丧服分为五个等级，称"五服"，由亲到疏依次为斩衰、齐衰、大功、小功、缌麻。缌麻，五服中最轻的一种，服期三个月，丧服用细麻布制成，故称。

②禁囚：在押囚犯，囚禁中的囚犯。责出：宋朝法律规定，被判处徒刑的囚犯，可用杖刑代替，受杖刑后即释放，称责出。部送者：被押送的囚犯。

③人力：仆役。指男仆。女使：女仆，奴婢。

④收瘗（yì）：收殓埋葬。瘗，埋葬。

【译文】

死者在临死前，没有五服以内亲属在死亡现场的，若在押犯人受杖责后放出于十日内死亡的或被押送的犯人在途中死亡的，也是同样。都要派官员验尸。男仆、女仆死亡，如果已取得本人生前的口供，只需派官员去核实。囚犯死亡和其他非正常死亡的，还要复检。复检结束后，即代为收埋。埋葬时还要派人监督，死者亲属来收埋尸体的，可以把尸体交给他们。如果知道死者有亲戚在别的地方的，还应该通知他们。

凡尸体应该复检的，由州一级管的报州；由县一级管的，在接到验尸公文的同时发文告知离尸体现场最近的县派官员前往复检。公文中，均不得写出死亡原因。如果最近的县距离尸体现场一百里以上而比本县还远的，就只派本县官员去复检。如果本县可派的官员只有一人则应发公文让别县官员前往检验。

　　诸请官验尸者，不得越黄河、江、湖^①，江、河谓无桥梁，湖谓水涨不可渡者。及牒独员县。郭下县听牒，牒至即申州，差官前去。

　　诸验尸，应牒近县而牒远县者，牒至亦受，验毕申所属。

　　诸尸应牒邻县验复，而合请官在别县，若百里外，或在病假，不妨本职非。无官可那者，受牒县当日具事因，在假者具日时。保明申本州及提点刑狱司^②，并报原牒官司，仍牒以次县。

【注释】

①黄：依下文小注"江、河谓无桥梁"，"黄"疑是衍文，应删。

②保明：负责向上级申明。提点刑狱司：简称提刑司。宋朝在诸路设提点刑狱司，总管一路州县刑狱，审理冤案、不实之案，并督治奸盗，是路一级的最高司法机构。

【译文】

　　凡是请官验尸，不能到隔着河、江、湖的县去请，江、河是指没有桥梁可通的，湖指水涨不可渡过的。也不得发公文到独员县请官。州府所在地的县听凭发文请官，文到后即刻上报给州，派官前去。

　　凡是验尸，应当发公文到邻近的县却发到远县的，文到也要接受，派官检验完毕后申报上级部门。

　　凡是应该发文请邻县官员复检的，而要请的官员到别县外出，如果远在百里以外，或在病假中，有病但不妨碍执行任务的不算。又没有别的官员可以派出的,接到公文的县应该在当天写明理由,告假的应写明告假的起讫时间。负责报告本州和提刑司,并复函原发文单位,可再发文按次序请别县官员检验。

　　诸初、复检尸格目①,提点刑狱司依式印造②,每副初、复各三纸,以《千字文》为号③,凿定给下州县④。遇检验,即以三纸先从州县填讫,付被差官。候检验讫,从实填写。一申州县,一付被害之家,无即缴回本司。一具日时字号入急递,径申本司点检⑤。遇有第三次后检验,准此。

【注释】

①检尸格目:表格式的验尸报告。格目,表册。

②式:即格式。宋孝宗淳熙元年(1174),颁行浙江提刑郑兴裔设计的《检验格目》,内有告发人、检验官及书吏、仵作姓名,接受告状的时间、到达检验现场的时间、距检验现场的里程,以及伤损情况、致命原因等栏。该《检验格目》以后成为验尸报告的标准格式。

③《千字文》:由南朝梁周兴嗣所作,全文恰好为一千字的韵文,没有一字重复。后多用为编次的序号。

④凿定:确定。

⑤点检:指上级对所报送的案件一件件地查对检验。

【译文】

　　凡是初检和复检的验尸报告,由提点刑狱司按标准格式印制,每副报告初检、复检各三份,按《千字文》顺序编号,确定后下发给所属州县。检验时,先由州县按一式三份填好,再交给被派去检验的官员。等到检验完毕,把检验结果如实填上。一份呈报州县,一份给被害者家属,如果没有家属即交回提刑司。一份写明日期、时辰、编文号,用急件快递,直接报送提刑司审查。遇有三次以上复检的,也得办理同样的手续。

诸因病死谓非在囚禁及部送者。应验尸,而同居缌麻以上亲,或异居大功以上亲^①,至死所而愿免者,听。若僧道有法眷^②,童行有本师^③,未死前在死所,而寺观主首保明各无他故者^④,亦免。其僧道虽无法眷,但有主首或徒众保明者,准此。

诸命官因病亡,谓非在禁及部送者。若经责口词,或因卒病^⑤,而所居处有寺观主首,或店户及邻居,并地分合干人保明无他故者^⑥,官司审察,听免检验。

【注释】

①大功:古代丧服名,五服中的第三个等级,服期九个月。堂兄弟、未婚的堂姐妹、已婚的姑姑等的丧事,都服大功。

②法眷:和尚、道士的亲眷。

③童行:指到寺观出家但尚未取得度牒的少年。

④主首:主持寺观的僧道。保明:担保证明。

⑤卒(cù)病:暴病。卒,突然。

⑥地分合干人:在当地与死者有关系的人。

【译文】

凡因病而死指不是在囚禁中死亡和押送途中死亡的。应检验的尸体,如果有和死者同住的五服以内的亲属,或者不同住的大功以内的亲属,到死者所在地请求免予检验的,可以同意。如果是和尚、道士死前有家属在跟前,童行死前有师父在跟前,又有所在寺、观主首担保证明没有发现其他不正常的情况,也可以免检。若和尚、道士死前虽然没有亲属在场,但有寺、观的主首或徒众担保证明的,也可照此免检。

　　凡朝廷命官病死,指不是在囚禁中死亡和押送途中死亡的。如果已经取得本人生前的口供,或因暴病突然死亡,而所住的地方有寺、观主首,或店户、邻里,以及在当地与死者有关的人担保没有发生其他异常情况,经官府审查批准,可以免检。

　　诸县令、丞、簿虽应差出,须当留一员在县。非时俱阙,州郡差官权。

　　诸称违制论者,不以失论①。《刑统》制曰②:谓奉制有所施行而违者,徒二年。若非故违而失错旨意者,杖一百。

　　诸监临主司受财枉法二拾匹③,无禄者二十五匹④,绞⑤。若罪至流及不枉法赃伍拾匹,配本城⑥。

【注释】

①不以失论:不得以过失罪论处。

②《刑统》:指《宋建隆重详定刑统》,简称《宋刑统》,是宋太祖建隆四年(963)颁行的法典,由窦仪主持编纂,共三十卷。制:法度,制度。

③二拾匹:即二十匹绢。

④无禄者:官吏是接受官府俸禄的人,与之相对应,不受官禄但由官府常年雇佣的人即被称为无禄者。

⑤绞:绞刑。

⑥若罪至流及不枉法赃伍拾匹,配本城:流,流刑,宋朝的五刑之一。把罪人放逐到远方。宋朝有"折杖法"的规定,被判处流刑的,杖责后命令其在本城服役。宋朝还有"更犯"(即犯罪后不知悔改,重复犯罪)的规定,"重犯流者,依留住法决杖,于配所役三年",如"流二千里,决杖一百,仍于配所役三年"。

【译文】

各县的县令、县丞、主簿即使被派出验尸，也应当有其中一人留守县里。特殊情况下全部缺员的，州府派官员暂时代理。

凡是应该按违反制度的罪名论处的，不得按过失罪论处。《宋刑统》法令规定：指奉皇帝命令执行公务却违背命令的，判处两年徒刑。如果不是故意违背命令而是因理解错误导致违旨的，受杖刑一百。

凡是到现场监督的主管官员受贿价值达到二十四匹绢而枉法办案的，没有官禄但参与检验受贿价值达到二十五匹绢而枉法办案的，都要被判处绞刑。如果罪行只够流放以及受贿价值达到五十匹绢但没有枉法办案的，配往本城服役。

诸以毒物自服或与人服，而诬告人，罪不至死者，配千里。若服毒人已死，而知情诬告人者，并许人捕捉，赏钱五十贯①。

诸缌麻以上亲因病死，辄以他故诬人者，依诬告法，谓言殴死之类，致官司信凭以经检验者。不以荫论②，仍不在引虚减等之例③。即缌麻以上亲自相诬告，及人力、女使病死，其亲辄以他故诬告主家者，准此。尊长诬告卑幼，荫赎减等，自依本法。

【注释】

①贯：量词。一贯为一千个铜钱。

②不以荫论：不享受相关的司法特权。

③引虚：即撤回诬告。减等：即减刑。

【译文】

凡以有毒物自服或给别人服，却诬告他人下毒，其罪行不构成判死罪的,发配到一千里之外。如果服毒人已经死了,知情而诬告的人,皆可允许他人去捉拿,赏钱五十贯。

凡五服以内的亲属因病死亡,却推说其他原因死亡来诬陷他人的,应依照诬告法予以惩处,指把病死说成被打死之类,以致使官府相信并进行检验的,这种情况就是犯诬告罪。不得因为享受司法特权而得到宽免,也不在因撤回诬告而减轻刑罚的范围内。即使五服以内的亲属互相诬告,或男仆、女仆病死,他们的亲属却以其他缘故诬告东家,也以诬告罪论处。位高、年长的人诬告位卑、年幼的人,如属享有特权而应予以减轻刑罚的,依照原本的法律规定处置。

诸有诈病及死伤受使检验不实者,各依所欺减一等。若实病死及伤不以实验者,以故入人罪论①。《刑统》议曰②:上条诈疾病者,杖一百;检验不实同诈妄,减一等,杖九十。

诸尸虽经验,而系妄指他尸告论③,致官司信凭推鞫,依诬告法。即亲属至死所妄认者,杖八十。被诬人在禁致死者④,加三等。若官司妄勘者,依入人罪法。

【注释】

①故入人罪:官吏故意虚构事实使人获罪的一种罪行。

②议:大臣们对法令的讨论。

③推鞫:审讯,讯问。鞫,通“鞠”,审问。

④在禁:在押。

【译文】

凡诈病、诈伤及病死诈称被打死,官员依嘱检验不实的,各依所指的欺诈罪减一等处罚。如果确系病死或受创伤,却检验不实而上报的,以故意陷害人罪论处。《宋刑统》中大臣们讨论说:上条中诈称有病的,杖责一百;

检验不实的与欺诈妄告同罪,减一等论处,杖责九十。

　　尸体虽经检验,实际上却是胡乱指认他人尸体作为被害人尸体诬告陷害人,以致官府相信并依此判决的,按诬告法惩处。如果是亲属到尸体现场故意乱认尸体的,杖责八十。被诬告的人因此死在监狱里的,诬告者应按诬告罪加三等惩处。如果是官府妄自拘讯、造成误判的,按陷人于罪的罪名论处。

　　《刑统》疏[①]:以他物殴人者[②],杖六十。见血为伤。非手足者,其余皆为他物,即兵不用刃亦是。

　　《申明刑统》[③]:以靴鞋踢人伤,从官司验定,坚硬即从他物,若不坚硬即难作他物例。

【注释】

　　①疏:指《宋刑统》中对法令及其注文进行解释说明的文字。

　　②他物:宋朝法律规定,除拳脚伤、锐器伤外,统称他物伤。

　　③《申明刑统》:一部对《宋刑统》进行阐释说明的著作。

【译文】

　　《宋刑统》疏:用他物打伤人的,杖责六十。见血的称为伤。除拳脚外,其他的都称为他物,用兵器如果不是用刃面伤人的,也称他物伤。

　　《申明刑统》说:用靴、鞋踢人致伤,由官府检验认定,如果是坚硬的靴、鞋即认为是他物伤,如果是不坚硬的,就难以作为他物伤来论处。

　　诸保辜者[①],手足限十日;他物殴伤人者二十日;以刃及汤火三十日[②];折目折跌肢体及破骨者五十日;限内死者各依杀人论。诸咽人者依他物法[③]。辜内堕胎者,堕后别保三十日[④],仍通本殴伤限,不得过五十日。其在限外,及虽在限内以他

故死者,各依本殴伤法。他故谓别增余患而死,假殴人头伤,风
从头疮而入,因风致死之类⑤,仍依杀人论。若不因头疮得风而死,
是为他故,各依本殴伤法。

【注释】

①保辜:宋朝法律规定,凡打了人,官府给定一个期限,责令打人者
　　为伤者治疗,如果伤者在期限内死亡,则打人者按因伤致死论处;
　　如在期限内未死,则打人者可以从轻处罚,只以伤人罪论处,称
　　"保辜"。

②汤:同"烫"。

③啮:用牙齿咬。

④别保:即增加保辜期。

⑤风从头疮而入,因风致死:指破伤风杆菌从头部创口侵入,导致感染
　　破伤风而死亡。风,指破伤风。疮,指头部受外伤后的创口。

【译文】

凡是打伤人未致死需要保辜的,拳脚伤期限为十天;他物伤期限为
二十天;利刃伤及烫伤、烧伤期限为三十天;打伤眼睛及肢断骨折的期限
为五十天;在期限内死亡的各自按杀人罪论处。凡是咬伤别人的按他物伤
处理。孕妇受伤后在保辜期限内流产的,流产后加保三十天,但是连同原殴伤保辜
期限,合计不得超过五十天。凡是在期限外死亡的,或虽在期限内死亡但死
于其他原因的,各自按原殴伤法的规定处理。其他原因是指另外患上其他疾
病而死,如果是打伤了别人的头,风邪从头部创口侵入,因破伤风而致死之类的,则仍
按杀人罪论处。如果不是因头部外伤导致破伤风而死,就属于其他原因,各自按原殴
伤法的规定处理。

　　乾道六年①,尚书省批状②:"州县检验之官,并差文官,
如有阙官去处,复检官方差右选③。"本所看详④:"检验之

官,自合依法差文臣。如边远小县,委的阙文臣处⑤,复检官权差识字武臣。今声说照用⑥。"

嘉定十六年二月十八日敕⑦:"臣僚奏:'检验不定要害致命之因,法至严矣,而检复失实,则为觉举,遂以苟免。欲望睿旨下刑部看详,颁示遵用。'刑寺长贰详议⑧:'检验不当,觉举自有见行条法⑨。今检验不实,则乃为觉举,遂以苟免。今看详,命官检验不实或失当,不许用觉举原免⑩,余并依旧法施行。奉圣旨依。'"

【注释】

①乾道六年:1170年。乾道,宋孝宗赵昚的年号(1165—1173)。

②尚书省:中央行政官署名,三省之一。宋初中书门下、枢密院分掌政务,尚书省与中书省、门下省所掌职事甚微。神宗元丰改制后,尚书省复掌执行政令,在三省中职权最重。其长官为尚书令。

③右选:宋代吏部侍郎分左右选,掌右选者负责武官的选授。这里代指武官。

④看详:指对既往案例的批复或审定。

⑤委的:的确,确实。

⑥声说:申说,申明。

⑦嘉定十六年:1223年。嘉定,宋宁宗赵扩的年号(1208—1224)。

⑧刑寺:宋朝在中央设刑部和大理寺掌管司法,二者连称"刑寺"。
　　长贰:正主管官、副主管官的合称。详议:审议。

⑨见行:即现行。

⑩原免:赦免,宽免。

【译文】

乾道六年,尚书省的批文说:"各州县验尸的官员,都应派文官充任,如果有缺官的地方，才允许派武官担任复检官。"本司审定："选派的检验官员，自应依法派遣文官。如果是边远小县，确实缺少文官之处，复检官才能权且派识字的武官充任。特此申明，遵照执行。"

嘉定十六年二月十八日敕令："臣僚议奏：'检验不能定出要害致命原因的，要受严厉处罚，而检验不实的，则可因为坦白自首，就随便地被宽免。希望皇上下旨由刑部研究审定，颁布相关规定以便遵照执行。'刑部、大理寺正副长官审议：'对于检验不当，现行法令中本有主动自首而从宽处理的条款。如今检验不实，却也套用检验不当的自首从宽条款，使涉案人随便地被宽免。现审议决定，朝廷命官检验不实或检验不当的，都不许再按坦白从宽的规定予以宽免，其他的仍按原有法律规定执行。该意见已经皇上核准，遵照执行。'"

二　检复总说上

【题解】

检复，即检验复核。宋朝法律规定，对杀伤、非正常死亡、狱中死亡的尸体除初检外还必须复检，这是法医检验的程序之一。本节与下一节是关于检验的总则。本节的主要内容包括：检验官员不得索贿、受贿，到现场要先进行案情调查和现场勘查，以及在具体检验时要认真仔细、注意方法等。

宋慈在本节一开始就明确写道："检验官员大多是派厅子、虞候，或者让自己的亲信以官府差役、仆从的名义前往，再召集邻里、保长，或是叫他们举牌开路，或是为检验官员打路排保、打草踏路，先行去察看尸体等，都是骚扰乡民的行为。这样做危害最大，一定要禁戒。""检验官员要约束行人、书吏等人，不得让其擅自离开片刻，以防其向当事人索贿。夜间到达尸体现场的，须命令行人、书吏作出书面保证后，才能允许住宿。"文中还提到"凡是检验官员夜间住宿的，一定要问清所住的人家是不是凶犯的亲属后才能住下，以避嫌疑"。由此可见，作为检验官员不仅要学习检验的知识和方法，而且要遵守法规、法令，注意工作作风。这是做好检验鉴定工作的重要前提；在现代社会的各行各业中也仍然具有十分重要的意义。

在法医工作中，当检验人员接受任务、到了命案现场后，是否一来就马上检验尸体，这一简单而十分重要的问题容易被忽视。宋慈在几百年前就告诫人们："到了尸体现场，检验官员不要径自上前去看尸体，可先在上风的地方坐好，把死者家属、地段管主、施害者家属叫来，审问事因和经过，把检验文书中规定需要签字画押的相关人员、邻里、保长等都点齐。检验官员先安排记下尸体四周接界处的情况，然后再带行人、书吏开始验尸。"这就很明确地告诉人们，接受任务后不是一来到现场就马上看尸体，而是要先办理有关手续，进行案情调查和现场勘查，然后才进行尸检。这里的"把检验文书中规定需要签字画押的相关人员、邻里、保长等都点齐"就是目前接受委托、办理有关手续的一部分和进行案情调查的前提；"审问事因和经过"即是案情调查；"记下尸体四周接界处的情况"相当于进行现场勘查。目前，有的法医学工作者对这一点没有足够的认识，或者说没有引起足够重视。尸检前，有关手续不齐就是办案程序不合法，会引起一些不必要的异议；案情不清，很容易导致法医检验和鉴定的失误。如有的案例，当地法医进行尸检后，提取部分器官送其他单位做法医病理学检查时，虽然内部器官取得较全，但是案情不清；有的甚至到了送检单位后需要再打电话询问死者姓名、有无外伤史等，实不可取，应引起法医学工作者和相关人员的注意。

法医学的检验方法较多，不同案例的检验方法、步骤有别。但检验的总原则和方法基本一致，那就是要认真、仔细，注意方法。本节中列举了"上吊""高坠"和某些损伤来说明其检验的方法、步骤。例如："如果是上吊死的，一定要看清系吊处的痕迹和颈部索痕；还要看清系吊处的尘土是否被移动过，以及系吊处距离地面的高度，死者原来踩在何处，是用何物为垫脚吊上去的，绳套垂下的长短，套在颈部的绳索粗细，与颈部索痕宽窄比对如何，仔细看清是打活结还是打死结，看清是单匝十字索套还是多匝缠绕索套。"再如对损伤的检验，不仅要"仔细查看后脑勺、头顶心、头发里，有没有烧过的铁钉钉入颅骨，更要切记——仔细检查眼睛、口腔、牙齿、舌头、鼻腔、肛门、阴部等地方，以防塞有什么东西"，而且对有的损伤还要"先用纸蘸酒、醋，贴在尸体的头面、胸胁、两乳、脐腹、两肋等处，再用衣被把尸体盖好，浇上酒、醋，用草席盖一个时辰，才开始验尸"。也就是说，既要对一些明显的部位进行认真仔细地检查，更要对某些较隐蔽的部位进行认真仔细地检查，还要采取一些特殊方法，使本不明显的伤痕显示出来，便于检查。使用酒、醋辅助验尸的方法，相当于让损伤部位发生"皮革样化"后再进行检验，可见我们的先辈早就有这方面的经验。当然，现在的法医实际检验工作中并不都需要采用这种方法。如有的损伤——主要是指表皮剥脱——检查时不明显，可待一段时间（如几小时内，具体时间因损伤的部位、尸体所处的环境不同而异）后，进行再次检查，这时该损伤的表现更为明显。此外，本节写到"验尸官员接受任务后，不得会见当地官员、秀才、术士、和尚、道士等，以防被欺骗，并招来诉讼之类的麻烦"，在现阶段来讲，应该根据实际情况进行处理，不能一概而论。

　　凡验官多是差厅子、虞候①，或以亲随作公人、家人名目前去②，追集邻人、保伍③，呼为先牌④，打路排保，打草踏路⑤，先驰看尸之类，皆是搔扰乡众。此害最深，切须戒忌。

　　凡检验承牒之后⑥，不可接见在近官员、秀才、术人、僧道⑦，以防奸欺，及招词诉。仍未得凿定日时于牒⑧，前到地头约度程限⑨，方可书凿，庶免稽迟⑩。仍约束行吏等人⑪，不得少离官员，恐有乞觅⑫。遇夜，行吏须要勒令供状，方可止宿。

【注释】

① 厅子：官府厅堂上的差役。虞候：官员外出时随从的军校。

② 亲随：亲信随从。家人：仆人，家丁。

③ 保伍：当时百姓五家编为一伍，又立保相统摄，因以"保伍"泛称基层户籍编制。这里应是指基层户籍组织的领头者，即保长之类。

④ 先牌：官员外出执行公务时开路者举的牌子。

⑤ 打路排保，打草踏路：大意是官员到现场验尸前，先派人命令沿途各保长安排接待事宜，并清理道路，探查路线。

⑥ 承牒：接受验尸公文，即接受验尸任务的意思。

⑦ 在近：指本地。术人：即术士，常用装神弄鬼、捉妖降魔等方法骗人。

⑧ 日时：日期。宋时的《验尸格目》里有"四日时一里程"等内容，即报案日时、请官日时、受请日时、到场日时和检验官员驻地至尸体现场的里程。

⑨ 地头：发现尸体的地方或验尸地。约度：估计。程限：距离，里程。

⑩ 稽迟：迟延，拖延。

⑪ 行吏："行"指行人、仵作，即参与验尸的人；"吏"这里指书吏，即负责验尸记录的人。

⑫ 乞觅：讨取。这里指索贿。

【译文】

凡是检验官员大多是派厅子、虞候，或者让自己的亲信以官府差役、仆从的名义前往，再召集邻里、保长，或是叫他们举牌开路，或是为检验官员打路排保、打草踏路，先行去察看尸体等，都是骚扰乡民的行为。这样做危害最大，一定要禁戒。

凡是验尸官员接受任务后，不得会见当地官员、秀才、术士、和尚、道士等，以防被欺骗，或招来诉讼之类的麻烦。如果请求验尸的公文上没有确定具体的检验时间，就要提前赶往尸体现场根据实际路程估计所需要的时间，然后才可写明，以免拖延耽搁。检验官员还要约束行人、书吏等人，不得让其擅自离开官员片刻，以防其向当事人索贿。夜间到达尸体现场的，必须命令行人、书吏作出书面保证后，才能允许住宿。

　　凡承牒检验，须要行凶人随行，差土著有家累田产、无过犯节级、教头部押公人看管①。如到地头，勒令行凶人当面，对尸仔细检喝②，勒行人、公吏对众邻保当面供状③。不可下司，恐有过度走弄之弊。如未获行凶人，以邻保为众证。所有尸帐④，初、复官不可漏露。仍须是躬亲诣尸首地头，监行人检喝，免致出脱重伤处。

【注释】

①土著：当地的。无过犯：无犯罪记录或不良记录。节级、教头：都是宋代的低级别武官。部押：督率，率领。

②检喝：在宋朝，验尸时仵作把尸体上看到的伤痕及其大小、部位大声喝报给检验官员和周围人，并由书吏当场记录，然后由检验官员核对，在场人签字，这种做法称为检喝。

③邻保：邻里，邻居。

④尸帐：即验尸报告，记录验尸情况的簿册。帐，同"账"。

【译文】

　　凡是接到公文去验尸时，应带上行凶人一起去，派本地有家眷田产、无不良纪录的节级、教头率领差役看管他。到了现场，要命令仵作当着行凶人的面，对尸体进行仔细检验并大声喝报，检验完毕后，要命令行人、公差对当地居民当面作出书面保证。不能让仵作、公差私下操作，以免发生串通做手脚的事。如果未捕获凶手，就以当地居民为验尸的见证人。有关检验报告的所有内容，初检和复检的官员都不得泄露。检验官员还必须亲自到尸体现场，监督仵作检验和喝报，以免他们隐瞒或遗漏重要的损伤处。

凡检官遇夜宿处，须问其家是与不是凶身血属亲戚①，方可安歇，以别嫌疑。

【注释】

①血属：有血缘关系的亲属。

【译文】

凡是检验官员夜间住宿，一定要问清所住的人家是不是凶犯的血缘亲属，然后才能住下，以避嫌疑。

凡血属入状乞免检，多是暗受凶身买和，套合公吏入状，检官切不可信凭，便与备申，或与缴回格目。虽得州县判下，明有公文照应，犹须审处，恐异时亲属争钱不平①，必致生词，或致发觉，自亦例被，污秽难明。

【注释】

①异时：以后，他时。

【译文】

凡是受害者亲属呈状请求免检的，多是暗中受了凶犯收买，并串通差役把状子递来，检验官员千万不可相信，便为他备文申报免检，或让他交回空白的验尸报告。就算州、县批准，并已发出公文，检验官员仍应审慎处置，以免将来亲属为了分钱而产生纷争，必然导致诉讼，或问题暴露，检验官员自然会受到牵累，污秽难以洗清。

　　凡行凶器仗^①，索之少缓，则奸凶之家，藏匿移易，妆成疑狱^②，可以免死，干系甚重。初受差委，先当急急收索，若早出官，又可参照痕伤大小阔狭，定验无差。

【注释】

①行凶器仗：即凶器。

②妆：这里指伪装。

【译文】

　　凡是凶器，搜缴稍迟一步，则奸滑的凶犯家属，就会把凶器藏匿转移，因找不到凶器而伪装成疑案，凶手可以免死，问题就严重了。一接到委派任务，就应先紧急搜缴，如果能尽快找到凶器交官，则又可比对创口的大小、宽窄，保证检验无误。

　　凡到检所，未要自向前，且于上风处坐定^①，略唤死人骨属^②，或地主、_{湖南有地主，他处无。}竞主^③，审问事因了，点数干系人及邻保^④，应是合于检状着字人齐足^⑤，先令刭下硬四至^⑥，始同人吏向前看验^⑦。若是自缢^⑧，切要看吊处及项上痕；更看系处尘土^⑨，曾与不曾移动，及系吊处高下，原踏甚处，是甚物上得去系处，更看垂下长短，项下绳带大小，对痕阔狭，细看是活套头、死套头^⑩，有单挂十字系^⑪，有缠绕系^⑫，各要看详。若是临高扑死^⑬，要看失脚处土痕踪迹高下。若是落水淹死，亦要看失脚处土痕、高下，及量水浅深。

【注释】

①上风：风刮来的一方。

②骨属：死者亲属，也称苦主。

③竞主：与苦主相对应的一方，即行凶者的亲属。

④干系人：与案件相关的人。

⑤检状：即验尸报告。着字人：签字人。这里指在验尸报告上签字的人。

⑥剳（zhá）：书写。硬四至：旧时称陆地上四面接界的地方为"硬四至"，水里四面接合的地方为"软四至"。这里指尸体与四周明显标志物之间的距离。

⑦人吏：同"行吏"，行人与书吏。

⑧自缢：以条索状物（绳子、绢带、布条等）套住颈部悬吊身体，由于身体向下的重力作用牵拉、压迫颈部，引起机械性窒息死亡，称缢死。自己用条索状物吊死称自缢，其在法医学上多属自杀，少数为意外（如性窒息），偶见他杀悬尸伪装自缢。

⑨系处：以土木结构的民房为例，房屋框架由横梁连接，上吊时，绳子跨过横梁的地方称为"系处"。由于横梁上的灰尘被缢绳跨过，与缢绳接触或因缢绳滑动而出现变化，因此"系处"是应检验的地方。

⑩活套头、死套头：缢索围绕颈部形成缢套，一般根据结扣固定与否分为死套和活套。死套结扣固定，缢吊时缢索不滑动，缢套周径不缩小；活套结扣可滑动，缢吊时缢套滑动，周径缩小。结扣的式样往往能反映死者的个人习惯甚至职业，是法医检验的对象。

⑪单挂十字系：颈部绳索只有一圈的十字扣。

⑫缠绕系：颈部绳索缠绕两圈及以上。

⑬扑死：扑跌而死，即高坠死。

【译文】

　　凡是到了尸体现场，检验官员不要径自上前去查看尸体，暂且在上风的地方坐好，传唤死者家属，或地段管主、湖南有地段管主，别处没有。施害者家属,审问事因之后,清点本案的相关人员及当地居民等,保证应在验尸报告上签字画押的人都齐全,检验官员先安排记下尸体四周接界处的情况,然后再和行人、书吏开始上前查验尸体。如果是上吊死的,一定要看清系吊处的痕迹和颈部索痕;还要看清系吊处的尘土,是否被移动过,以及系吊处距离地面的高度,死者原来踩在何处,是用何物为垫脚吊上去的,还要看绳套垂下的长短,套在颈部的绳索粗细,与颈部索痕宽窄比对如何,仔细看清是打活结还是打死结,有单匝十字索套,有多匝缠绕索套,都要看清楚。假如是从高处扑跌而死的,则要查看失脚之处的泥土痕迹和坠落之处的泥土痕迹是否一致。假如是落水溺死的,也要看失脚处的泥土痕迹、失脚处与水面的距离,并测量水的深浅。

其余杀伤、病患诸般非理死人,劄四至了,但令扛舁明净处①,且未用汤水、酒、醋,先干检一遍,仔细看脑后、顶心、头发内②,恐有火烧钉子钉入骨内。其血不出,亦不见痕损。更切点检眼睛、口、齿、舌、鼻、大小便二处③,防有他物。然后用温水洗了,先使酒、醋蘸纸搭头面上、胸胁、两乳、脐腹、两肋间④,更用衣被盖罨了⑤,浇上酒、醋,用荐席罨一时久⑥,方检。不得信令行人只将酒、醋泼过,痕损不出也。

【注释】

①扛舁(yú):扛,抬。

②顶心:头顶部。这里宋慈强调检验时要注意头顶部可能有铁钉钉入的隐藏伤。《疑狱集》《棠阴比事》记载了一个案子叫“庄遵疑哭”:扬州刺史庄遵,一天出巡时突然听到一个妇女的哭声,这哭声惧而不哀,于是停下车问其原故。手下人说是那个妇女的丈夫被火烧死了。庄遵一听非常怀疑,就前去查看,看到有苍蝇聚集

在死者头部,就把头发翻开,发现有铁钉钉进了头部。于是拘来
那个妇女审问,在事实面前妇女认罪。

③点检:——检查。大小便二处:男女性外生殖器和肛门。

④胸胁:胸膛至腋下的地方。

⑤罨(yǎn):覆盖。

⑥荐席:垫席。一时:指一个时辰。

【译文】

其他因杀伤、患病等各种非正常原因死亡的人,检验官员将尸体现
场四周接界处记录清楚后,就命人把尸体抬到干净明亮处检验,暂且不
用温水、酒、醋洗尸,先干检一遍尸体,仔细查看后脑勺、头顶心、头发里,
这些地方恐怕有烧过的铁钉钉入颅骨。这类损伤不出血,伤痕也不明显。更
要切记——仔细检查眼睛、口腔、牙齿、舌头、鼻腔、肛门、阴部等处,以防
塞有什么东西。这些做完后就可以用温水洗净尸体,先用纸蘸酒、醋,贴
在尸体的头面、胸胁、两乳、脐腹、两肋等处,再用衣被把尸体盖好,浇上
酒、醋,用席子盖一个时辰,才开始验尸。不能听凭行人只用酒、醋泼过
就了事,那样做伤痕是显不出来的。

三　检复总说下

【题解】

检验总则第二部分的主要内容是检验官员要亲自仔细检验、定错了
案要严处、检验情况要描述清楚、复检时要将事实核对清楚、检验完毕后
要写明上报等。

在检验过程中,检验官员不能只听汇报,而要亲自仔细检验,这在
法医检案鉴定工作中非常重要;否则就有可能出错。如其中再次列举上
吊自杀,颈后部索沟呈"八字不交",如果绳索套在喉结下则舌头会伸出
来,套在喉结上则舌头不伸出来。只有经过长期实践、认真总结,才能得

到如此宝贵的经验，值得我们好好学习。

检验记录和报告是法医学尸体检验鉴定的重要文书和凭证。从书中可见宋慈对检验记录和报告十分重视，告诫检验官员要表述清楚。例如，检验报告上不应使用"皮破血出"的字样，因为一般皮破必然血出，不能表示损伤程度，所以应当写清楚，写作"皮微损，有血出"等。本节的有些内容不仅是检验的方法与经验，而且还十分富有哲理。如经过检验"可以确定是致命伤的，虽然外表上看伤痕比较小，但应想到内部伤可能比外表要严重"。现代法医学中有些损伤也是"外轻内重"，如部分高坠和交通事故的损伤等，宋慈的思想与现代法医学的观点不谋而合。再如"对于致命伤而言，内部有骨折，应明确说'内骨折''致命'；没有骨折，不能说'骨不折''不致命'"，即损伤导致严重的骨折而致命；但不能反来说，损伤没有导致骨折，就不致命。

复检，同初检一样，要认真仔细地检验，在某种意义上来说，还要更加认真仔细。宋慈在这里告诫检验官员，一定要派人从多方面调查、核实，务必使材料真实可靠，有说服力；千万不要仅凭一两个人的证词或两三张供状就敷衍了事；检验官员验尸须召集四邻对证；与凶手关系密切的人、长工、佃户容易作伪证，检验官员一定要心中有数；官吏可能会在接受好处后反倒教凶犯写"被人诬陷"或"无辜受累"等字样，逃脱罪责。这些都是从实践中总结出来的宝贵经验。

此外，宋朝法律将复检确认为一种检验制度，规定了某些具体案件必须要经过复检，并规定了参与检验的人员、责任以及法律效力，十分具体、实用、严谨，值得我们深思和借鉴。

凡检验，不可信凭行人，须令将酒、醋洗净，仔细检视。如烧死，口内有灰①；溺死，腹胀，内有水②；以衣物或湿纸搭口鼻上死③，即腹干胀；若被人勒死，项下绳索交过④，手指甲或抓损；若自缢，即脑后分八字，索子不交⑤，绳在喉下舌出，喉上舌不出。切在详细。自余伤损致命，即无可疑。如有疑虑，即且捉贼。捉贼不获，犹是公过⑥，若被人打杀，却作病死，后如获贼，不免深谴⑦。

【注释】

①烧死，口内有灰：人被火烧死时，因呼吸、喊叫等会吸入火场烟灰，进入口、鼻、咽部、呼吸道等，这是法医学检验生前烧死的证据之一。《疑狱集》《折狱龟鉴》中记载过一个"张举烧猪"的故事。在三国时期的吴国，有位县令叫张举，他办过一个案子：有个妻子，把丈夫杀了并放火烧毁房舍，谎称丈夫因失火被烧死。夫家怀疑是妻子杀夫后放火，于是向官府告发，但妻子拒不承认。张举取死猪、活猪各一头，堆柴焚烧，发现死猪口内无烟灰，而活猪口内有烟灰。检验丈夫的口内没有烟灰，证明是死后焚尸，根据这个试验结果进行审问，妻子才服罪。

②内有水：这里主要指吸入呼吸道、肺内和进入胃、肠道内的溺液。

③以衣物或湿纸搭口鼻上死：以衣物压堵口鼻致人窒息的，法医学上称捂死或闷死，因被人捂压，加之反抗、挣脱等表现，故口、鼻和全身有伤痕。以湿纸搭口鼻上，层层加厚，死亡过程缓慢，旧时见于狱中刑讯逼供案件，因受害人被控制无法搏斗，故窒息征象明显，但体表没有伤痕。

④项下绳索交过：颈部绳索"交叉打结"或称"交叉勒紧"，这是被勒死者颈部索痕的特点。交过，交叉。

⑤脑后分八字，索子不交：简称"八字不交"，是前位缢死的颈部索痕特点。绳索从颈前部对称地绕向颈部两侧，斜行而上，在后枕部两耳下缘，绳索上提，离颈悬空，形同"八"字，故名。

⑥公过：指工作上的过失。公，公干，公事。

⑦深谴：指受到严重处分。

【译文】

凡是检验，不能一味听信行人、仵作，必须命令他们用酒、醋把尸体擦洗干净，仔细验看。如果是烧死的，死者口腔内会有烟灰附着；淹死的，尸体肚皮鼓胀，腹内有水；用衣物或湿纸捂在口鼻上闷死的，肚皮也会胀大，但腹内没有水；如果是被人勒死的，颈部有绳子交叉勒过的索沟，有的还有手指甲抓损的痕迹；如果是上吊自杀，颈后部索沟呈"八字不交"，如果绳索套在喉结下则舌头会伸出来，套在喉结上则舌头不伸出来。一定要详细验看。这样确定的致命伤，是没有什么可怀疑的。如果发现有被杀嫌疑，就立即缉拿凶手。凶手不能缉拿归案，尚且属于工作上的过失，如果是被人打死，却定作病死，以后若抓到凶手得以印证，则不免要受到严重处分。

凡检验文字不得作"皮破血出"①。大凡皮破即血出。当云："皮微损，有血出。"

【注释】

①检验文字：即检验报告。

【译文】

凡是检验报告上，不应出现"皮破血出"的字样。一般皮破都会出血。应当表述清楚，如说："皮微损，有血出。"

凡定致命痕，虽小当微广其分寸①。定致命痕，内骨折，即声说。骨不折，不须言"骨不折"，却重害也。或行凶器仗未到，不可分毫增减，恐他日索到异同②。

凡伤处多，只指定一痕系要害致命③。

凡聚众打人最难定致命痕。如死人身上有两痕，皆可致命，此两痕若是一人下手，则无害；若是两人，则一人偿命，一人不偿命。须是两痕内，斟酌得最重者为致命。

【注释】

①微广：稍大，略重。即皮下或体内的出血或损伤要比体表所能看到的伤痕略重。

②异同：不同，不一致。

③凡伤处多，只指定一痕系要害致命：法医学上，多处伤可能有轻有重，应定下致命伤以区别致害人责任；多处伤可能系多种工具伤，应确定致命伤进而确定致害工具，以便缉拿凶手；多处伤又可能由多人斗殴所致，应确定致命伤以为定罪量刑提供依据。

【译文】

凡是可以确定是致命伤的，即便外表看伤痕比较小，也应想到内部伤可能比外表要严重。对于确定致命伤而言，内部有骨折，就应当明确说出"有骨折""致命"。没有骨折，不须说"骨不折""不致命"，以免被误解为不是致命伤。如果凶器尚未找到，对体表伤痕的记录不能有分毫的增或减，以免日后缴获了凶器与伤痕对不上。

凡是尸体上有多处伤痕的，只能确定一处伤痕为要害致命伤。

凡是聚众斗殴的案件最难确定致命伤。例如，死者身上有两处伤痕，均可致命，这两处伤痕若是一个人造成的，则没什么妨碍；若是两个人造成的，则一个人要偿命，另一个人不用偿命。这就要求在这两个伤痕里，反复研究确定其中重的一处为致命伤。

凡官守戒访外事①。惟检验一事，若有大段疑难，须更广布耳目以合之,庶几无误^②。如斗殴限内身死,痕损不明,若有病色,曾使医人、师巫救治之类^③,即多因病患死。若不访问,则不知也。虽广布耳目,不可任一人,仍在善使之,不然适足自误。

【注释】

①外事:自身职务以外的事。

②庶几:表示希望、但愿。

③师巫:即巫师,以替人祈祷求神为职业的人。

【译文】

凡是居官守职应避免查访职责以外的事。惟独检验尸体这件事,如果遇到重大的疑难问题,必须多方派人调查情况加以对证,以求没有失误。例如,斗殴在辜限内死亡的,伤痕又不明显,如果有疾病迹象,通过调查证实其曾请大夫、巫师救治过之类的,那就很可能是病死的。这种情况如果不调查,是不知道真实情况的。即使多方派人调查情况,也不能只偏信一人,关键还在于善于使用他们,否则只会误导自己。

凡行凶人不得受他通吐^①,一例收人解送^②。待他到县通吐后,却勾追^③。恐手脚下人妄生事搔扰也。

【注释】

①通吐:吐供,招供。

②一例:一律。解送:押送。

③勾追:追捕。这里指追捕同案犯。

【译文】

凡是抓获凶手后不要让他在当地受审招供,一律押解到县里。等凶手到县里招供后，再缉捕其他案犯。这是为了避免仆役下人妄生事端，骚扰百姓。

    凡初、复检讫，血属、耆正副、邻人并责状看守尸首^①。切不可混同解官^②，徒使被扰。但解凶身、干证^③，若狱司要人^④，自会追呼。

【注释】

①耆（qí）正副：宋时，选择地方上有勇力的人协助官府缉拿盗贼，维护治安，称耆长，分正、副。

②解官：押解到官府。

③干证：与案件有关的证人。

④狱司：指县一级提审公堂。

【译文】

凡是初检、复检完毕，要让死者家属、正副耆长、邻居都写好书面保证，负责看守尸体。千万不要把他们一同押往官府，使他们白白受到骚扰。只须押送凶手、证人，如果县里狱司要找人，自会派人传讯。

    凡检复后，体访得行凶事因^①，不可见之公文者，面白长官^②，使知曲折^③，庶易勘鞫^④。

【注释】

①体访：察访，调查。

②白：禀报，陈述。

③曲折：委曲，详细情况。

④勘鞫：审理，审讯。鞫，通"鞫"，审问。

【译文】

凡是检验后，调查得到的行凶原因和经过，不宜在公文中出现的细节，要当面向上级官员汇报，使上级了解详细情况，以便顺利完成审讯。

近年诸路宪司行下[①]，每于初、复检官内，就差一员兼体究[②]。凡体究者，必须先唤集邻保，反复审问。如归一，则合款供；或见闻参差，则令各供一款，或并责行凶人供吐大略，一并缴申本县及宪司。县狱凭此审勘，宪司凭此详复。或小有差互[③]，皆受重责。簿、尉既无刑禁，邻里多已惊奔。若凭吏卒开口，即是私意。须是多方体访，务令参会归一[④]，切不可凭一二人口说，便以为信，及备三两纸供状，谓可塞责。况其中不识字者，多出吏人代书；其邻证内或又与凶身是亲故，及暗受买嘱符合者[⑤]，不可不察。

【注释】

①路：宋朝行政区划，约相当于"省"。宪司：即提刑司。行下：向下发公文。

②体究：体察考究。即判案前的调查研究工作。

③差互：差错。

④参会归一：指将察访到的情况进行汇总，相互参证，归纳分析。参会，参酌综合。

⑤买嘱：给人钱财，请托办事。

【译文】

近年来各路提刑司向下发文规定，常常要在初检、复检官员中，委派一名官员到县里参与调查研究工作。凡是负责调查研究的官员，必须先招集当地居民，反复审问。如果他们的供词一致，就合成一份供状；如果他们的所见所闻存在出入，就让他们各写一份供状，有的还让行凶人也供述个大概，连同其他人的供词一并报送到本县狱司和提刑司。县狱司根据这些材料审讯，提刑司依凭这些材料进行审批。这些材料稍有差错，相关人员就都要受到重罚。县里的主簿、县尉等官员对滥用刑罚没有禁令，案发后，邻里百姓生怕受到连累，大多已经惊慌逃跑。这种情况下，若仅凭差吏、军卒等人开口讲述案情，则所讲的只是他们的一己私意。所以应当多方察访，务必将察访到的情况进行汇总，归纳分析，千万不要仅凭一两个人的口述，就信以为真，或凭两三张供状，就认为可以敷衍了事。况且，在涉案人员和证人中有不识字的，他们的状子大多由吏人代笔；邻里、证人当中又有可能有凶手的亲戚故旧，以及暗中被凶手买通作伪证的人，这些情况不可不察。

　　随行人吏及合干人，多卖弄四邻，先期纵其走避，只捉远邻或老人、妇人及未成丁人塞责①。或不得已而用之，只可参互审问②，终难凭以为实，全在斟酌。又有行凶人恐要切干证人真供③，有所妨碍，故令藏匿，自以亲密人或地客、佃客出官④，合套诬证，不可不知。

【注释】

①未成丁人：未达到服役年龄的男子。

②参互：相互参证，对比参考。

③要切：重要，要紧。真供：如实供述。

④地客：长工。佃客：佃户。

【译文】

随行的行人、书吏及相关人员，往往因为被买通而欺骗玩弄四邻，先放纵他们逃跑躲避，只捉来一些远邻或老人、妇女以及未成年人应付了事。有时这些人的证词迫不得已要采用,也只能做一些参考性的审问,终究难以作为实证,全凭检验官员斟酌而定。还有一些凶手害怕重要的证人供出真实情况,对自己不利,便故意让他们躲藏起来,另叫和自己关系密切的人或者长工、佃户出庭见官,合伙串通作假证,检验官员不能不了解这种情况。

　　顽囚多不伏,于格目内凶身下填写姓名押字①,公吏有所取受②,反教令别撰名色,写作被诬或干连之类③,欲乘此走弄出入。近江西宋提刑重定格目④,申之朝省⑤,添入被执人一项。若虚实未定者,不得已与之就下书填,其确然是实者,须勒令签押于正行凶字下⑥。不可姑息诡随⑦,全在检验官自立定见。

【注释】

①押字:签字。

②取受:拿取,收受。这里指官吏收受贿赂。

③干连:牵连,牵累。

④江西宋提刑:指江西路某宋姓提刑官。

⑤朝省:朝廷。

⑥签押:签字画押。

⑦诡随:不顾是非妄随人意。

【译文】

　　凶顽的罪犯大多不肯认罪伏法,拒绝在验尸表格中的凶手栏内签名画押,官吏则因为收受了贿赂,反倒教凶犯另外杜撰名目,写作“被人诬陷”或“无辜受累”之类,企图借此搅乱案情,逃脱罪责。最近江西宋提刑重新修订了验尸表格,上报朝廷并被批准,增加了“被拘捕人”一栏。如果不能确定凶犯真伪,不得已时可以把嫌犯姓名暂填在“被拘捕人”

栏里,如果确定是真凶的,就要命令他在"行凶人"正栏内签字画押。绝不能姑息迁就,这全靠检验官员有自己明确的见解。

四　疑难杂说上

【题解】

所谓"疑难杂说",是指各种不同类型的疑难死亡原因及其尸体检验。"凡是验尸,不外乎检验刀刃杀伤与用他物打斗、拳头殴击伤,或上吊自杀、被人勒死、投水自杀、被人溺杀、患病死亡等几种情形。"这是宋慈在本节中列举的有关验尸的八种常见情况。其中部分可成为"疑难案件"。如"被人勒死类似上吊自杀""被人溺杀类似投水自杀""男仆、女仆因遭受棒打鞭挞而在主人家自残、上吊"之类。因此,他告诫检验官员"到现场验尸时应仔细检验考察,千万不可轻视息慢,有一丝一毫的谬误,都可能会铸成大错"。

那么,应该如何检验这些情况呢? 文中以"锐器贯通伤"为例写道:"应看刺入口和刺出口,大的一端是刺入口,小的一端是刺出口。如果尸体已经腐败而无法检验,就验死者原来穿的衣服,把衣服上的刺破口与凶器进行比对。尸体有时是趴在地面上的,如果看到其右手拿着短而带刃或竹头之类的东西,从喉部到肚脐下有刺伤,则可能是因醉酒而跌倒,身体压到地上的尖锐东西受伤死亡。"这样的检验方法和经验,与现代的法医检验如出一辙。再如斗殴之后因身体疲乏不慎落水而死的,身上又有伤痕,该如何鉴定其死因? 宋慈认为,"明明尸体上有殴打伤痕,但不能定作致命伤,只能定为'落水致命'"。如果"看到死者头上有伤,就认定是因为被打伤而昏迷,不自觉地倒在水中,就会把打伤错定为致死原因"。这些都是非常有益的经验。对于"谋财害命"的案件,不仅要检验损伤和死因,还应"查验谋财害命的缘由经过",使人赃俱在,互相印证,做到万无一失。从这里我们可以看到宋慈检案、断案的高超水平和审慎务实的精神。

另外，宋慈还用一个案例说明了"尸体检验贵在业务精湛和专心致志，容不得半点失误"的重要性，认为对于互相拼杀而死的案件，"应该对每个伤痕都做出无可怀疑的解释，然后才能得出检验结论"。

本节所述的有关验尸的一些方法和案例，以及"贵在精专，不可失误"的认知高度，对于今天的法医检案仍具有重要的实际意义。

凡验尸，不过刀刃杀伤与他物斗打、拳手殴击①，或自缢，或勒杀，或投水②，或被人溺杀，或病患，数者致命而已。然有勒杀类乎自缢，溺死类乎投水，斗殴有在限内致命而实因病患身死，人力、女使因被捶挞在主家自害、自缢之类③。理有万端，并为疑难，临时审察，切勿轻易，差之毫厘，失之千里。

【注释】

①他物：宋朝法律规定，锐器伤、拳脚伤以外的都称为他物伤。

②投水：这里指自己投入水中自杀。

③捶挞（tà）：棒打鞭挞。

【译文】

凡是验尸，不外乎检验刀刃杀伤与用他物打斗、拳头殴击伤，或上吊自杀，或被人勒死，或投水自杀，或被人溺杀，或患病死亡，这几种使人丧命的情形而已。然而有被人勒死却类似上吊自杀，被人溺杀类似投水自杀，斗殴有在保辜期限内死亡而实际上是因患病而死，男仆、女仆因为遭受棒打鞭挞而在主人家自残、上吊之类的情况。死亡原因多种多样，往往会成为疑难案件，到现场验尸时应仔细检验考察，千万不可轻视怠慢，有一丝一毫的谬误，都可能会铸成大错。

　　凡检验疑难尸首,如刃物所伤,透过者须看内外疮口[1],大处为行刃处[2],小处为透过处[3]。如尸首烂[4],须看其原衣服,比伤着去处[5]。尸或覆卧,其右手有短刃物及竹头之类,自喉至脐下者,恐是酒醉揈倒[6],自压自伤。如近有登高处或泥,须看身上有无财物,有无损动处,恐因取物失脚自伤之类。

【注释】

①透过:即"贯通伤",指刀、剑等刺器沿其纵轴方向贯通刺入人体所形成的管状刺创,由刺入口、刺创管、刺出口组成。

②大处:伤口大的一端,即刺入口。

③小处:伤口小的一端,即刺出口。贯通伤的刺入口比刺出口大。刺入口和刺出口的判断,对研究致伤方向、致伤方式进而推断致伤物具有十分重要的法医学意义。

④尸首烂:尸体腐败。

⑤比伤着去处:指通过对衣服上刺破口与凶器的比对推断伤口的情况。

⑥揈倒:跌倒。

【译文】

　　凡检验疑难尸体,如果是锐器所伤,被刺穿的应看刺入口和刺出口,伤口大的一端是刺入口,小的一端是刺出口。如果尸体已经腐败而无法检验,就要查验死者原来穿的衣服,把衣服上刺破的地方与凶器进行比对。尸体有时是趴在地面上的,如果其右手拿着短而带刃的东西或竹头之类,从喉部到肚脐下有刺伤,则恐怕是因为喝醉酒而跌倒,自己压到尖锐物上受伤死亡。如尸体附近有可以登高的地方或是泥土,则应该看死者身上有没有财物,四周的物体有没有损折或移动,如果有,则恐怕是因为取东西时自己失足跌落受伤而死。

检妇人，无伤损处，须看阴门①，恐自此入刀于腹内。离皮浅，则脐上下微有血沁，深则无。多是单独人、求食妇人。

如男子，须看顶心，恐有平头钉；粪门②，恐有硬物自此入。多是同行人，因丈夫年老、妇人年少之类也。

【注释】

①阴门：阴道口。

②粪门：肛门。

【译文】

检验女尸，全身都没有损伤的地方，就要检查阴道口，恐怕是用刀从这里刺到肚子里去。刺得离肚皮近的，在肚脐上下就会有淡淡的血斑，刺得离肚皮远的就看不到血斑。这种情况多是独居妇人或在外乞食的妇人。

如果是男尸，要检查头顶部，恐怕会有平头钉子；检查肛门，恐怕会有坚硬的东西从这里插入。这类情形凶手多是与被害人同行的人，因丈夫年老、妻子年少而杀人之类的。

凡尸在身无痕损，唯面色有青黯①，或一边似肿，多是被人以物搭口鼻及罨掯杀②，或是用手巾、布袋之类绞杀③，不见痕。更看项上肉硬即是④。切要者：手足有无系缚痕⑤，舌上恐有嚼破痕，大小便二处恐有踏肿痕。若无此类，方看口内有无涎唾⑥，喉间肿与不肿。如有涎及肿，恐患缠喉风死⑦，宜详。

【注释】

①青黯（àn）：青紫，淤紫。

②罨捂杀：即捂死。

③绞杀：缢死，勒死。

④肉硬：指局部损伤引起皮下出血、血肿、皮下软组织肿胀，尸体检验时可用手触及比周围组织"硬"的局部肿胀。如今用刀切开即可看到皮下血肿，但当时限于礼教规定，不能用刀解剖尸体，故只能用肉眼观察、用手触摸进行检验。

⑤系缚：捆绑。

⑥涎唾：口水。这里指大量流出的口水。

⑦缠喉风：病名。症状为咽喉红肿剧痛，呼吸困难，痰涎壅盛，语言难出。又名"急喉风"。

【译文】

凡是尸体全身没有伤痕，只有面色青紫，或面部一边像是肿胀，这种情形大多数是被人用东西捂口鼻而闷死，或是用手巾、布袋之类勒死，因此不留痕迹。再验看脖子上，如果有因皮下出血导致的肿胀，就一定是这样死的。非常重要的是：检查手脚有无绳索捆绑的痕迹，舌头上恐怕有咬破的痕迹，肛门、阴部恐怕有被脚踏肿的痕迹。要是没有这类痕迹，就验看口内有无流涎，喉间是否肿胀。如有流涎和肿胀，则恐怕是患缠喉风而死，应详细检查。

若究得行凶人当来有窥谋，事迹分明，又已招伏，方可检出。若无影迹，即恐是酒醉卒死①。

【注释】

①卒死：即猝死，突然死亡。

【译文】

对于无伤痕尸体的检验,如果追查到凶手有伺机蓄意害人的图谋,事实清楚明确,本人又已招认,才能得出检验结论。假如没有谋杀的迹象,那么恐怕是因醉酒引发的猝死。

多有人相斗殴了,各自分散。散后,或有去近江河、池塘边洗头面上血,或取水吃,却为方相打了,尚困乏,或因醉相打后,头旋落水淹死①。落水时尚活,其尸腹肚膨胀,十指甲内有沙泥,两手向前,验得只是落水淹死。分明其尸上有殴击痕损,更不可定作致命去处,但一一刭上验状,只定作落水致命最捷。缘打伤虽在要害处,尚有辜限②,在法虽在辜限内及限外以他故死者,各依本殴伤法。注:他故谓别增余患而死者。今既是落水身死,则虽有痕伤,其实是以他故致死分明。曾有验官为见头上伤损,却定作因打伤迷闷③,不觉倒在水内。却将打伤处作致命,致招罪人翻异不绝④。

【注释】

①头旋:头晕。

②辜限:当时法律规定,凡是打了人,官府给定一个期限,责令打人者为伤者治伤,这个期限就称为辜限。

③迷闷:昏迷。

④招罪人:认罪的人,被定罪的人。翻异:指犯人推翻原来的供词。宋朝法律规定中有"翻异别推制",即犯人推翻原口供后改换官员重新审理的制度,又称"移推",凡州县死刑犯诉冤翻异者由本路提刑司重审或由邻州审理。

【译文】

常有这样的案子,几个人争斗互殴以后,各自散去。分散后,有人到附近的江河、池塘边清洗头上、脸上的血污,或者取水喝,却因为刚相互打斗完,尚且筋疲力尽,或者因为醉酒又相互打斗后,头晕而掉到水里淹死。掉到水里时还活着,其尸体腹部膨胀,十指的指甲里有泥沙,两手伸向前,检验后只能定为"落水淹死"。明明其尸体上有殴打的伤痕,但不能定作致命伤,只能逐一将情况记录在检验报告中,只定作"落水致命"是最好的。因为打伤即便是在要害部位,也还有保辜期限,按法律规定,在保辜期限内或保辜期限外因其他原因致死的,各自按原殴伤法的规定。注:其他原因是指又得了别的病而死。这里既然是落水致死,那么死者身上虽然有伤痕,但其实是由其他原因致死的,十分明确。曾有检验官因为看到死者头上有伤,就认定他是因为被打伤而昏迷,不自觉地倒在了水中。这就是把打伤错定为致死原因的例子,导致被定罪的人不停翻供喊冤。

更有相打散,乘高扑下卓死亦然①。但验失脚处高下,扑损痕瘢,致命要害处,仍须根究曾见相打分散证佐人②。

【注释】

①扑下:摔落,摔下。卓:跳。

②证佐人:证人。

【译文】

还有打完架散去后,一方从高处失足跌落而死,这种情形也同样不能认定为被打死。只是要注意检验失足处离地面的高度,扑跌造成的伤痕,致命伤是在哪个部位,还要调查曾亲眼目睹从打斗到散去的整个经过的证人。

凡验因争斗致死，虽二主分明，而尸上并无痕损，何以定要害致命处？此必是被伤人旧有宿患气疾①，或是未争斗以前，先曾饮酒至醉，至争斗时有所触犯，致气绝而死也。如此者，多是肾子或一个或两个缩上不见②，须用温醋汤蘸衣服或绵絮之类罨一饭久，令仵作、行人以手按小腹下，其肾子自下，即其验也。然后仔细看要害致命处。

【注释】

①气疾：指气厥、气虚等疾病。

②肾子：即睾丸。

【译文】

凡是检验因斗殴而死的尸体，虽然争斗的双方都能明确，但死者身上却没有伤痕，这种情况下应如何确定致命伤呢？这必然是因为被害人原来就患有气厥等疾病，或是打架前就已喝醉了酒，打架时引起宿疾发作，导致气绝身亡。如果真是这种情况，多半会有一个或两个睾丸缩进腹腔不见，须用衣服或绵絮蘸温醋水盖在阴囊上约一顿饭的时间，让仵作、行人用手按压下腹部，缩进的睾丸自然会回到阴囊里，即可验证。然后再仔细检查要害致命部位。

昔有甲乙同行，乙有随身衣物，而甲欲谋取之。甲呼乙行，路至溪汀①，欲渡中流，甲执乙就水而死。是无痕也，何以验之？先验其尸瘦劣，大小十指甲各黑黯色，指甲及鼻孔内各有沙泥，胸前赤色，口唇青斑，腹肚胀。此乃乙劣而为甲之所执于水而致死也。当究甲之原情，须有赃证以观此验，万无失一。

又有年老人，以手捂之而气亦绝，是无痕而死也。

【注释】

①汀：水边平地。

【译文】

从前有甲乙二人同在路上行走，乙随身带有衣物，甲想谋取这些东西。甲便招呼乙同行，来到一条小河边，刚要走到河中央时，甲把乙按入水中淹死了。这种情况下尸体上没有伤痕，要怎么检验？先检验乙的身体瘦弱，大小十个指甲各个黑紫色，指甲缝里和鼻孔内都有泥沙，前胸呈红色，口唇有青紫斑痕，腹部膨胀。这就是乙因为瘦弱而被甲按入水中，溺水导致死亡的证据。这类案件应该查验甲谋财害命的缘由经过，还要有赃物为证来对照检验结果，方可万无一失。

另有一些年纪大的人，一旦被人捂住口鼻很快会气绝身亡，这是死亡却看不到明显伤痕的另一种情况。

有一乡民令外甥并邻人子将锄头同开山种粟，经再宿不归，及往观焉，乃二人俱死在山。遂闻官①。随身衣服并在，牒官验尸。验官到地头，见一尸在小茅舍外，后项骨断，头面各有刃伤痕；一尸在茅舍内，左项下、右脑后各有刃伤痕。在外者，众曰先被伤而死；在内者，众曰后自刃而死。官司但以各有伤，别无财物，定两相拼杀。一验官独曰："不然，若以情度情，作两相拼杀而死可矣，其舍内者右脑后刃痕可疑，岂有自用刃于脑后者？手不便也。"不数日间，乃缉得一人，因仇拼杀两人。县案明②，遂闻州，正极典③。不然，二冤永无归矣。大凡相拼杀，余痕无疑，即可为检验。贵在精专，不可失误。

【注释】

①闻官：报官。

②县：同"悬"。

③极典：极刑。指死刑。

【译文】

　　有个乡民叫他的外甥和邻居的儿子扛着锄头一同到山上开荒种粟，过了两夜他们也没有回家，等到赶过去看时，两人竟都死在了山上。乡民就报了官。死者随身的衣服都还在，发文请官来验尸。检验官员来到现场，看见一尸体在小茅屋外面，颈椎骨被砍断，头上、脸上均有刀伤；另一具尸体在茅屋内，颈部左侧、后脑右侧均有刀伤。在屋外的死者，大家都说他是先被砍伤后身亡的；屋内的那个，大家都说是杀人后自杀的。官府只以两具尸体都有伤，没有杀人越货之嫌，就验定是两人互相拼杀，一死一自杀。只有一个检验官员说："不是这样的，如果以常理来推测案情，定为两人相互拼杀而死是讲得通的，但是屋里那具尸体后脑右侧的刀伤很可疑，哪有自己用刀砍自己后脑的道理？手不方便啊。"没过几天，就捉到一个人，这个人承认是自己因私仇而杀死二人。悬案真相大白，于是报到州里，凶手被判处死刑。要不是这样，两个冤魂就永远没有归宿了。凡是相互拼杀而死，应该对每个伤痕都做出无可怀疑的解释，然后才能得出检验结论。尸体检验贵在业务精湛和专心致志，容不得半点失误。

卷之二

五　疑难杂说下

【题解】

本节以经典案例来说明"科学办案"的意义和"以事实服人"的道理，并论述了生前伤与死后伤的鉴别原理和"不要随便认作病死"的重要性。

案例一利用了"苍蝇驱血"的习性当众验刀破案。

有一具被杀死在路旁的尸体，开始以为是抢劫杀人，但很快就被否定了，因为死者的随身衣物并没有丢失，只是全身上下有十余处镰刀伤。调查检验后怀疑死者是被当地人用镰刀砍杀的。于是命人收缴镰刀，一排排地放在地下。当时天热，有苍蝇聚集在其中一把镰刀上，就当众找出镰刀刀主。尽管刀主不承认罪行，但检验官员让他自己看镰刀并说道："大家的刀上都没有苍蝇叮着，而你的镰刀上有血腥，引来苍蝇集结，这是由于你用这把镰刀杀了人，刀上留下了血迹的缘故，怎能隐瞒？"在场人听后都非常叹服，而杀人者也低头认罪。这个判断是很有科学道理的。苍蝇对血腥的敏感度很高，能通过嗅觉很快地寻觅到。据研究，苍蝇对空气中 0.04mg/L 的血腥即有反应，并能很快地飞聚取食。

可以说，这个案例是当时"科学办案"和"以事实服人"的光辉典范,这种破案的方法和原理在当时及之后很长的一段时间内是实用且有效的。但在现代,随着科技学技术的发展,犯罪和作案手段的改进,仅凭这种较原始的办案方法和手段是远远不够的。今天,若是遇到类似的案例,则要运用现代法医学中多学科的知识和方法来进行检验和鉴定。首先,要经过全面、系统的尸体检验,确定死亡原因、死亡方式(自杀、他杀、还是意外)、损伤特点和致伤工具;然后再进行侦察破案。当确定并且寻找到形成致命伤的致伤工具后,还要对所提取的相关物证进行检验。例如刀上的血,是人血还是动物的血?若是人血,是死者的血、犯罪嫌疑人的血,还是二者都有?还需要将这个致伤物——刀,与衣服和尸体上的损伤进行比对确认。有时,杀人的致伤工具难以找到,破案较困难,还要从其他方面着手,寻找破案的突破口,如用一些特殊方法对损伤和致伤工具进行特殊检验等。

案例二是运用有无呼吸这一生命现象检验生前溺水死亡的案例。

从前有个池里溺亡的案件,事主隐瞒不报,后被仇人告发,而要求验尸,但时隔久远,尸体已经腐烂得只剩骨架了。有一个官员受命验尸后,首先查看有无骨折、骨缺失,没有发现问题;再把白骨化的颅骨洗干净,用清洁的温水慢慢从囟门倒入颅内,见有泥沙从鼻孔流出而定为生前溺水。这是因为生前落水者,由于呼吸作用口鼻里必然吸入泥沙;死后投入水中的就没有这种现象。即使可能因水压等原因而使水及泥沙进入食道、胃、气管、支气管等,但因没有吞咽活动和肠蠕动功能,所以水不会进入小肠深部;因无呼吸活动,所以水不会进入呼吸道深部;更因无血液循环,所以水不会进入全身的血管系统内。这些结论可以在人死后尽早进行的尸体解剖案例中获得验证。当然,以今天的眼光来看,该案例仍有疑问。因为从口鼻部吸入的泥沙,应该进入消化道和呼吸道,而难以进入颅内。如果尸体腐败得只剩下骨骼,则水中泥沙可从颅骨的一些自然孔道进入颅内,故仍不能断定是否为生前溺水死亡。

对于这种案例,现代法医学的检验方法之一是进行硅藻检验。即取长骨（如股骨）的骨髓，用化学消化等方法（如硝酸消化法）制片，在光学显微镜下观察有无硅藻，并与现场水样中硅藻的种类和形状进行比对。如果是生前溺死，则由于有呼吸活动，不仅会吸入泥沙，而且会伴随吸入大量的比泥沙更细小的硅藻，进入血液循环而到达人体器官组织（包括骨髓腔）内。对于死亡时间较久的案例，虽然肌肉等软组织腐败无存，但骨骼仍在，可以检查骨髓腔内有无硅藻，如有则可判断为生前入水致溺死。若与现场水样中硅藻的种类比对一致，则可判断是在该处入水致溺死。

案例三是利用个人体表特征进行个人识别而破案的。

某地有个"凶犯杀害小童行并劫财"的案子。案犯被捉拿归案时已经距离案发时间很久了。虽然案犯招供"劫财后把小童行推到水中"，县尉也在河的下游捞到一具皮肉腐烂、仅剩骨架、无法辨认的尸骸，但检验官员担心口供与尸体巧合而不敢下判。后来在阅卷中发现，初验官员曾记录死者哥哥称自己的弟弟"鸡胸而矮小"，于是前往复验，发现果然如此，才敢定案。

个人识别是法医学检验鉴定中的一项十分重要的内容，在交通意外和刑事案件中尤为重要。其一般经过尸体特征和相关检验进行，如尸体外貌、发育情况、文身、痣、疣、疤痕、指纹、血型等。本例死者小童行生前"鸡胸而矮小"，被杀害后，因时久皮肉腐烂、仅剩骨架而无法辨认，再次检验打捞到的尸骸，发现其与"鸡胸""矮小"等特征一致，方才定案。这说明当时验尸判案不仅重视犯罪嫌疑人的口供，而且非常重视事实证据，只有二者一致，形成"证据链"时才能定案。这种注重事实证据的工作精神和认真态度令人钦佩。

本节中所介绍的"因小事争吵而自杀，借此诬赖对方"的检验诬赖的方法，是鉴别生前伤和死后伤的科学方法。宋慈获知，"诬赖的方法是先把榉树皮汁涂于皮肤上装成伤痕，然后自杀，死后检验涂抹榉树皮汁的地方很像被钝器打伤"。对这种情况如何检验呢？他认为，如果用手压没有肿胀,"伤痕"呈黛黑色、四边青红色的一片分布,是生前涂抹榉树皮汁以伪造打伤的皮下出血斑。在活体上,用榉树皮汁涂于皮肤上会染成黛青色,这是因为"血脉流行"之故;而人死后,榉树皮汁涂于皮肤上则难以染成黛青色,只能染上淡淡的黑色,这是因为"血脉不行"之故。所以,"通过检验发现问题,把案件的来龙去脉调查清楚,分析行为人原本的主观动机,结合检验尸体上伤痕大小、凶器比对和现场测量,必然不会出现差错"。这说明当时的尸体检验虽然不能解剖尸体、取材制作病理组织学切片,以观察生前伤的"生活反应",但仍然可以用人死后"血脉不行"的科学道理来解释。人为用榉树皮汁涂于死后的尸体皮肤上难以染成在活体皮肤上所见到的因"血脉流行"而形成的"黛青色",这是以有无"生活反应",来区别生前伤和死后伤的最好例证。

作为疑难案件概述,宋慈在本节中还特别讲到法医学检验鉴定中的一个非常重要的问题,就是"不要随便认作病死"。

法医学上的死亡分类有多种方法,其中最主要的是根据死亡原因和引起死亡的原因有无暴力因素参与而分为自然死亡和非自然死亡两大类。自然死亡,又称非暴力死亡,是指因患疾病引起的死亡或因年老衰竭而死。非自然死亡,又称暴力死亡,或非正常死亡,是指因某种或几种外来暴力作用于人体而引起的死亡。例如拳打、足踢、斧砍、刀刺、电击、缢吊、水淹和中毒等引起的死亡。因此,鉴定某人是自然死亡,如病死,除要检见引起死亡的病变外,最重要的是首先要排除暴力死。这是因为一个人如因致命伤引起死亡,不管其是否患有疾病或疾病是否严重,均应鉴定为暴力死。对这种死者进行尸检时,虽可发现病变,甚至是严重到足以引起死亡的病变,如严重的心脏病等,但其死亡仍是暴力死,而不是病死。

宋慈还在书中告诫人们:"检验工作中,遇到肥壮而没有损伤、不黄瘦的尸体,不要随便认作病死;遇到没有损伤、只黄瘦的尸体,也不要仅根据所见而定为病死。""唯有检验这类尸体最容易出现差错。""受检验的尸体,既检验不出伤痕,又肯定不是病死,难以下结论的,这种情况应先让死者亲属作出生前没有伤害死者的书面保证,然后剃掉死者的头发,仔细检查有无生前被人用利器钉入头颅的杀人证据。"可见他早在几百年前就提出了"鉴定病死之前要排除暴力死"的鉴定原则,并将其运用于实际检验工作之中。

　　有检验被杀尸在路旁,始疑盗者杀之,及点检沿身衣物俱在,遍身镰刀斫伤十余处①。检官曰②:"盗只欲人死取财,今物在伤多,非冤仇而何!"遂屏左右,呼其妻问曰:"汝夫自来与甚人有冤仇最深?"应曰:"夫自来与人无冤仇,只近日有某甲来做债③,不得,曾有克期之言④。然非冤仇深者。"检官默识其居,遂多差人分头告示侧近居民:各家所有镰刀尽底将来,只今呈验。如有隐藏,必是杀人贼⑤,当行根勘。俄而⑥,居民赍到镰刀七八十张⑦。令布列地上。时方盛暑,内镰刀一张,蝇子飞集⑧。检官指此镰刀问:"为谁者?"忽有一人承当,乃是做债克期之人。就擒讯问,犹不伏⑨。检官指刀令自看:"众人镰刀无蝇子,今汝杀人,血腥气犹在,蝇子集聚,岂可隐耶⑩?"左右环视者失声叹服,而杀人者叩首服罪。

【注释】

①斫(zhuó)伤:砍伤。

②检官:检验官员。

③做债:即借钱。

④克期:限定一定日期。这里指借钱按期归还的意思。

⑤杀人贼：杀人凶手。

⑥俄而：短时间。

⑦赍（jī）：把东西携带来。这里指把镰刀带来。

⑧蝇子飞集：苍蝇追逐血腥往来飞集。蝇子，苍蝇。飞集，飞来，集中。

⑨不伏：不服。

⑩众人镰刀无蝇子，今汝杀人，血腥气犹在，蝇子集聚，岂可隐耶：大意是，大家的刀上都没有苍蝇叮着，而你的镰刀上有血腥，引来苍蝇集结，这是由于你用这把镰刀杀人，刀上留下血迹的缘故，怎能隐瞒？宋慈将"苍蝇驱血"习性应用于检验，提出了古代法医昆虫学的研究内容。苍蝇对血腥的敏感度很高，对空气中 $0.04\mathrm{mg/L}$ 的血腥即有反应，能通过嗅觉很快地寻觅到并飞集取食。

【译文】

检验官员前往检验一具被杀死在路旁的尸体，开始时以为是抢劫杀人，但经查点死者随身衣服财物并没有短少，只是全身上下有十余处镰刀伤。检验官员说："抢劫杀人的目的是为了劫取财物，现在财物均在而伤处众多，不是仇杀还能是什么！"于是支开周围的人，问讯死者妻子："你丈夫向来与谁结怨最深？"回答说："我丈夫向来与人无仇，只是几天前有某甲来借钱，没有谈妥，曾谈及可限期还钱。然而并不能说有很深的冤仇。"检验官员暗中记住某甲的住址，叫人分头告知附近居民：把家中所有镰刀全部拿出来，呈上检验，如有隐藏，就是杀人者，定要彻底查办。很快，居民们拿来了七八十把镰刀。令人把镰刀一排排地放在地面上。当时正值大热天，其中的一把镰刀上，苍蝇飞过来聚集。检验官员指着镰刀问："这是谁的？"有人说是他的，正是借钱未成的某甲。当场拿下讯问，某甲不承认。检验官员让他自己看镰刀："大家的镰刀上都没有苍蝇叮着，而你杀了人，镰刀上的血腥还在，引来苍蝇集结，这怎能隐瞒？"在场的人听后都不禁发出赞叹的声音，而杀人者也低头认罪。

　　昔有深池中溺死人，经久，事属大家因仇事发。体究官见皮肉尽无，惟髑髅骸骨尚在[1]，累委官不肯验。上司督责至数人，独一官员承当。即行就地检骨，先点检见得其他并无痕迹[2]。乃取髑髅净洗，将净热汤瓶细细斟汤灌，从脑门穴入，看有无细泥沙屑自鼻孔窍中出[3]，以此定是与不是生前溺水身死。盖生前落水，则因鼻息取气吸入沙土[4]，死后则无。

【注释】

①髑髅（dú lóu）：死人头骨、白骨化颅骨。

②痕迹：这里指骨缺失、骨折等迹象或证据。

③细泥沙屑：泥沙颗粒。

④鼻息取气：用鼻呼吸，交换气体。这里指人活着。

【译文】

从前有个在深池里溺死的案件，事隔很久没有报案，事主是大户人家被仇人告发。来检验的官员见尸体腐烂得没有皮肉，只剩下骨架还在，屡次派人却没人肯接受任务。上司多次催办，只有一个官员受命验尸。这个官员就着手验骨，先查看确认没有骨缺失、骨折等迹象或证据。之后把白骨化的颅骨清洗干净，用干净的盛温水的瓶子仔细灌入温水，慢慢从囟门倒入，看有没有泥沙从鼻孔流出来，以有泥沙从鼻孔流出而定生前溺水。因为凡是生前落水的，则会由于呼吸作用而在鼻孔里吸入泥沙，死后投到水中的就没有这种现象。

　　广右有凶徒谋死小童行[1]，而夺其所赍[2]。发觉，距行凶日已远。囚已招伏："打夺就推入水中。"尉司打捞已得尸于下流[3]，肉已溃尽，仅留骸骨，不可辨验，终未免疑其假合[4]，未敢处断。后因阅案卷,见初验体究官缴到血属所供,称其弟原是龟胸而矮小⑤。遂差官复验,其胸果然,方敢定刑。

【注释】

①广右:泛指广西地区。童行:指出家入寺观尚未取得度牒的少年。

②夺其所赍:夺取他所携带的钱财。

③下流:下游。

④假合:巧合。

⑤龟胸:又称"鸡胸",即维生素D缺乏性佝偻病,简称佝偻病。

【译文】

广西有个凶犯杀害小童行,并且劫掠其财。案犯归案时,离行凶的日子已经很久了。凶犯已经招供:"劫财后把小童行推到水中。"县尉在河的下游捞到一具尸体,皮肉已经腐烂,仅剩有骨架,无法辨认,检验官员担心尸体与口供只是巧合,不敢贸然判决。后来翻阅案件卷宗,发现初验官员取得死者哥哥的供述,说他的弟弟有鸡胸而且身材矮小。于是派遣官吏前往复验,尸体的胸骨果然如此,才敢定罪量刑。

南方之民每有小小争竞①,便自尽其命②,而谋赖人者多矣③。先以榉树皮罨成痕损④,死后如他物所伤。何以验之?但看其痕里面须深墨色,四边青赤,散成一痕,而无虚肿者,即是生前以榉皮罨成也。盖人生即血脉流行,与榉相扶而成痕。若以手按着,痕损处虚肿,即非榉皮所罨也。若死后以榉皮罨者,即苦无散远青赤色,只微有黑色,而按之不紧硬者,其痕乃死后罨之也。盖人死后血脉不行,致榉不能施其效⑤。更在审详原情⑥,尸首痕损那边长短,能合他物大小⑦,临时裁之⑧,必无疏误。

【注释】

①争竞:争吵。

②自尽:自杀。

③谋赖:预谋诬赖。

④以榉树皮罨(yǎn)成痕损:这里指用榉树皮汁涂于皮肤上染成黛青色以伪造打伤的皮下出血斑。榉,落叶乔木,树皮灰褐色,浸泡后树皮渗出青黯或黛青颜色。罨,覆盖,涂抹。

⑤盖人死后血脉不行,致榉不能施其效:这里指用榉树皮汁涂于皮肤上以伪造打伤的皮下出血斑,应是在活体上,因为有"血脉流行"之故,才能染成黛青色;而人死后,因为"血脉不行",所以榉树皮汁涂于皮肤上只能留下淡淡的黑色,难以染成黛青色。宋慈在此介绍了生前伤、死后伤、伪造伤的内容及其原理。

⑥原情:这是儒家法律思想及其法律适用的内容,汉董仲舒《春秋繁露》:"《春秋》之听狱也,必本其事而原其志。"也就是说,审理案件应贯彻"原心定罪"原则,分析行为人的原情、主观动机。

⑦能合他物大小:伤痕与致伤物(凶器)比对一致。

⑧临时:即临场或现场。

【译文】

    南方百姓常因小事争吵,就自杀,并借此诬赖对方的也有不少。诬赖的方法是先把榉树皮汁涂于皮肤上伪装成伤痕,自杀死后检验涂抹榉树皮汁的地方就很像被钝器打伤。这种情况如何检验?只看"伤痕"中间呈黛黑色,四边呈青红色,分散成一片状分布,如果用手压没有肿胀,则是生前涂抹榉树皮汁以伪造打伤的皮下出血斑。人活着的时候血液流动运行,与榉树汁相互作用形成类似伤痕的颜色。如果用手按压,伤损处有肿胀,则不是涂抹榉树皮汁造成的而应该是生前伤。如果是人死之后将榉树皮汁涂于皮肤上,则颜色难以散开染成青红色,只有淡淡的黑色,同时用手按压伤处感觉不到紧绷发硬的,则伤痕是死后染色伪造的。这是因为人死之后血液不流动，导致榉树皮汁不能产生效果。通过检验发现问题、把案件的来龙去脉调查清楚、分析行为人原本的主观动机，结合检验尸体上的伤痕大小，能与凶器比对一致，现场勘察测量，必然不会出现差错。

凡有死尸肥壮无痕损，不黄瘦，不得作病患死；又有尸首无痕损，只是黄瘦，亦不得据所见只作病患死检了，切须仔细验定因何致死。唯此等检验最误人也。

凡疑难检验，及两争之家稍有事力①，须选惯熟仵作人、有行止畏谨守分贴司，并随马行，饮食水火，令人监之，少休以待其来。不如是，则私请行矣。假使验得甚实，吏或受赂，其事亦变。官吏获罪犹庶几②，变动事情，枉致人命，事实重焉。

【注释】

①有事力：有能力。

②获罪：被治罪。

【译文】

检验工作中，遇到肥壮而没有损伤、不黄瘦的尸体，不要随便认作病死；遇到没有损伤、只黄瘦的尸体，也不要仅根据所见而定为病死，这些尸体一定要仔细检验出确切死因。唯有检验这类尸体最容易出现差错。

疑难案件的尸体检验，特别是双方当事人有财有势的，一定要挑选熟练的仵作、守法谨慎的书吏，让他们紧随检验官员身边，他们饮食、取水、生火时，也派专人盯着他们，检验官员稍作休息等他们返回一起行动。如果不这样做，则可能有人会暗地收买他们。这类案件即使检验出真实死因，也会因差役收受贿赂，而出现问题。检验官员受到处罚尚属小事，把案情弄错，冤屈人命，就是大事了。

应检验死人，诸处伤损并无，不是病状，难为定验者，先须勒下骨肉次弟等人状讫，然后剃除死人发髻，恐生前被人将刃物钉入囟门或脑中杀害性命。

被残害死者，须检齿、舌、耳、鼻内，或手足指甲中，有签刺筭害之类①。

凡检验尸首，指定作被打后服毒身死，及被打后自缢身死，被打后投水身死之类，最须见得亲切，方可如此申上②。世间多有打死人后，以药灌入口中，诬以自服毒药③；亦有死后用绳吊起，假作生前自缢者④；亦有死后推在水中，假作自投水者⑤。一或差互，利害不小。今须仔细点检死人在身痕伤，如果不是要害致命去处，其自缢、投水及自服毒，皆有可凭实迹，方可保明。

【注释】

①筭（suàn）害：谋害。筭，通"算"，暗算。

②申上：上报。

③打死人后，以药灌入口中，诬以自服毒药：指死后灌药，伪造服毒自杀的假象。

④死后用绳吊起，假作生前自缢者：指杀人后，将尸体吊起来，伪造上吊自杀的假象。

⑤死后推在水中，假作自投水者：指杀人后投尸入水，伪造自溺死。

【译文】

受检验的尸体，既检验不出伤痕，又肯定不是病死，难以下结论的，这种情况应先让死者亲属作出生前没有伤害死者的书面保证,然后剃掉死者的头发,仔细检查有无生前被人用利器钉入头颅的杀人证据。

对于被人用残酷手段杀害的尸体,应检验牙齿、舌头、耳、鼻腔内,以及验看手、脚指甲中,是否有被人刺入竹签伤害之类的情况。

对于受检验的尸体,已确定是被打后服毒身亡的,以及被打后自缢身亡的,被打后投水身亡的之类的情况,特别要注意检验准确无误,才能以此为结论上报。这是因为世上常有打死人后,把药灌入死者口中,谎称其是自服毒药身亡的;也有在人死后,用绳吊起尸体,伪装成自缢的;还有在人死后将尸体推入水中,伪装成投水自杀的。检验上一旦疏忽大意,则后果不堪设想。一定要仔细检验死者身上的伤痕,如果不是在要害致命的部位,则其要定其为被打后自己上吊、自己投水及自己服毒身亡之类,都必须有可靠的真凭实据,才能保证检验结论准确无误。

六　初检

【题解】

本节是关于尸体检验的初检的,虽然内容不多,但基本概括了初检的程序及其主要注意事项。

1.首先告诫人们:对于命案状子上所告的事,千万不要轻易相信,必须详细检验,务必眼见为实,注重证据。也就是说,对于命案,不能轻信状告,而要亲自详查,重事实、讲证据。这一点对于法医办案非常重要。

2.接受任务后,要先到案发地进行详细的案情调查,然后再检验。

3.检验时,要谨慎、不可草率。

4.不得因"尸体腐败",称"无凭检验",而"拒绝验尸"。只有"尸体确实腐败十分严重",才能说"无法检验"。

5.斗殴致死的尸体,一定要仔细检出致命部位。

6.尸体经初检后,不管有无损伤,都得在验尸处把尸体放好、作印记，并叫守尸者填好责任状附在案卷里，交给复检官员。如果是疑难案件，初检官员就不能走远，以便复检官员发现有不同情况时进行核对。

从中可见，当时验尸，一般都要进行"初检"和"复检"两次检验，这说明当时对验尸工作的重视和认真程度。本节所提出的"不得因尸体腐败，就称无凭检验，而拒绝验尸"，这既是一个工作态度和工作方法问题，也是法医学工作者的基本职业道德。接受任务后，"先调查、后检验"的程序也与现在的尸检程序一致。

告状切不可信，须是详细检验，务要从实。

有可任公吏使之察访，或有非理等说^①，且听来报，自更裁度^②。

戒左右人，不得卤莽^③。

【注释】

①非理：非正常死亡。

②裁度：度量而定取舍。这里指官员按检验原理进行处理。这一说法一直延续至20世纪上半叶，如我国早期翻译国外法医学著作时，就将"法医学"译为"裁判医学"。

③卤莽：粗疏，鲁莽。卤，通"鲁"。

【译文】

对于命案状子上的所言千万不要轻易相信，必须详细检验，务必眼见为实、注重证据。

挑选可靠的差役派往案发地详细调查，对于非正常死亡等说法，先暂且听取他们的汇报，再自己判断处理。

告诫下属，检验工作要谨慎、不可草率。

初检，不得称尸首坏烂，不任检验，并须指定要害致死之因^①。

凡初检时，如体问得是争斗分明^②，虽经多日，亦不得定作无凭检验^③，招上司问难。须仔细定当痕损致命去处。若委是经日久变动^④，方称尸首不任摆拨^⑤。

【注释】

①指定：指出。

②体问：探问，这里指十分细致地调查。

③无凭检验：不适合检验。这里指尸体完全腐败以致不能进行检验。

④变动：变化。这里指尸体随时间、季节、温度变化而腐败。

⑤摆拨：指官员在检验尸体时翻动尸体、检测伤口、查验致伤物或异物等。

【译文】

在尸体初验时，不能说尸体腐烂严重，无法检验，必须认真负责地检验而指出尸体上致死的要害部位及其死亡原因。

在尸体初检时，如果探问得知确系斗殴致死的，则虽然尸体搁置多日，也不可以认定是"无凭检验"而拒绝验尸，以免招致上司指责。一定要仔细检验确定这类尸体的致命伤痕。如果委实时日久远尸体腐败得十分严重，才能说尸体无法检验。

初检尸有无伤损讫，就验处衬簟尸首在物上^①，复以物盖。候毕，周围用灰印，记有若干枚，交与守尸弓手、耆正副、邻人看守^②，责状附案，交与复检。免至被人残害伤损尸首也。若是疑难检验，仍不得远去，防复检异同。

【注释】

①簟（diàn）：竹席。

②弓手：这里指乡勇。

【译文】

经过初检的尸体不管有没有验出损伤，都应在验尸处铺上竹席，把尸体放在竹席上，用东西盖好。这些事做完后，在席子四周撒上石灰印记，记下石灰印记的数目，将尸体交给乡勇、差役、邻居看守，并叫守尸者填好责任状附在案卷里，交给复检官员。这是为了避免出现尸体被人破坏的情况。如果是疑难案件，则初检官员不能走远，以便复检官员发现有不同情况时进行核对。

七　复检

【题解】

本节讲述了复检的几个主要原则和注意事项。

1.复检与初检的结果相同，才可上报。复检时可能会发现初检时致命伤未注明，或伤损不同，或把药死当作病死等情况。初检营私舞弊，复检若不仔细检验，将受到连累处罚。

2.复检如果与初检相差不大，就不做改动；如果相差悬殊，则不可迁就。此时，一定要反复审问涉案人，并征求各位参加检验官员的意见。如果大家的意见认为初检与实际情况不符，才能把初、复检的异同之处一并上报。不要只根据自己的意见，就随意对初检的意见加以否认。

3.复检时，如果尸体搁置多日，头面膨胀，头发脱落，口唇外翻，两眼突出，蛆虫爬动，尸体确实腐烂严重，检验无从下手，特别是创口、钝器伤和拳脚踢伤被严重毁坏的，才能作"无凭复检"上报。如果是钝器伤或刀伤致骨折的，则必须冲洗后仔细检验，并在检验报告中说明致命伤，这种情况是不能作"无凭复检"上报的。

4.复检结束后没有争议,方可把尸体交给死者亲属。无亲属者,应责令本都埋葬,并看守尸体,不得火化和散落。如有争议,则不可把尸体给死者亲属,应就地挖一个坑,把尸体连同席子安放在坑里。坑的上面盖上门板,堆成一座土堆掩埋,土堆四周洒上石灰印记,以备后来官司再复检。同时,还要责令守尸者写份保证状附于卷内。

这几点,特别是前面三点,对今天的法医工作仍具有十分重要的意义。

与前检无异,方可保明具申。万一致命伤处不明,痕损不同,如以药死作病死之类,不可概举。前检受弊[①]**,复检者乌可不究心察之,恐有连累矣**[②]**。**

检得与前验些小不同,迁就改正,果有大段违戾[③]**,不可依随。更再三审问干系等人**[④]**,如众称可变,方据检得异同事理供申;不可据己见,便变易。**

【注释】

①受弊:营私舞弊。

②连累:牵累。宋朝法律规定,复检时对初检的错误结论没有纠正,仍维持的,以"定而不当""违制"处分,初、复检官员都不能幸免。

③违戾:这里指违反检验规则的违法行为。戾,罪行,罪过。

④干系等人:涉案人。

【译文】

复检与初检的结果相同,才可上报。复检时可能会发现初检时致命伤未注明,伤痕损害与实际不相同,或把药死当作病死之类的情况,不能一一列举。初检者营私舞弊,复检者不能不仔细检验情况,否则是要受连累被处罚的。

复检结果如果与初检结果相差不大，就不做改动，如果相差悬殊，则不可迁就。此时一定要反复审问涉案人，并征求各位参加检验官员的意见，如果大家的意见认为初检与实际情况不符，才能把初、复检的异同之处一并上报；不能只根据自己的意见，就随意改动初检的意见。

复检，如尸经多日，头面胖胀，皮发脱落，唇口翻张，两眼迸出，蛆虫咂食①，委实坏烂，不通措手②，若系刃伤、他物、拳手足踢痕虚处③，方可作无凭复检状申。如是他物及刃伤骨损，宜冲洗仔细验之，即须于状内声说致命，岂可作无凭检验申上？

【注释】

①蛆虫：苍蝇的幼虫。咂食：蛆虫在取食尸体时由口内吐出含有消化酶的唾液，使皮肤表皮层和真皮层溶化，然后吸吮其溶化的组织成分，使皮肤上留下黑色的小圆洞。咂，即吸吮。

②措手：着手处理。

③虚处：这里指尸体由于高度腐败以及昆虫的破坏使刀创或伤痕无法看清。

【译文】

复检时，如果尸体搁置多日，头面膨胀，头发脱落，口唇外翻，两眼突出，蛆虫爬动，确实腐烂严重，检验无从下手，如果是创口、钝器伤和拳脚踢伤被严重毁坏的，才可以作为"无凭复检"的情况上报。如果是钝器伤或刀伤致骨折的，则应冲洗后仔细检验，并在检验报告中说明致命伤，这种情况怎能作"无凭复检"上报呢？

复检官验讫，如无争论，方可给尸与亲属。无亲属者，责付本都埋瘗^①，勒令看守，不得火化及散落。如有争论，未可给尸，且掘一坑，就所簟物，舁尸安顿坑内^②。上以门扇盖，用土罨瘗作堆，周回用灰印印记^③，防备后来官司再检复^④，仍责看守状附案。

【注释】

①都（dū）：宋时县级以下的行政区划名。《宋史·袁燮传》："合保为都，合都为乡，合乡为县。"埋瘗（yì）：埋葬。

②舁（yú）：扛抬。

③周回：周围。

④后来官司再检复：这里指初检、复检后还有可能再检复。这是因为，宋朝实行"理雪制度"，即引发"官验"的是"报官制度"，初检、复检（可能多次）后案件判决，若犯人及其家属不服判决，则允许申述而启动"理雪制度"，官府认为有必要复检，称"理雪"。

【译文】

复检结束后，如果没有争议，才可以把尸体交给死者亲属。没有亲属的，应责令本都埋葬，并看守尸体，不得火化和散落。如果有争议，则不可以把尸体交给死者亲属，而应就地挖一个坑，把尸体连同席子一起，安放在坑里。坑的上面盖上门板，以一个土堆进行掩埋，土堆四周洒上石灰印记，以备后来官司再复检，同时还要责令守尸者写份保证状附于卷内。

八　验尸

【题解】

《洗冤集录》一书从卷二的第八节至卷五的第五十节写的是具体的尸体检验。本节类似于尸体检验的总论，主要内容是尸体外表检查的顺序、方法和步骤，以及一些注意事项。如按前、后、左、右的顺序，先检查正面，再翻动尸体检查后面和左、右两侧。正面是从头顶部、面部，到胸、腹及会阴部，再到四肢。特别强调应检查身体的一些隐蔽部位，如头发丛内、肛门及阴道等。检验伤口要仔细测量其大小和深度。对可疑的或不明显的伤痕可以采取一些方法使其显现或更易辨认。检验前先要通过仔细观察死者容貌估计年龄，或者询问其亲属，把具体年龄搞清楚。检验时必须全身心地投入，不可怕脏怕臭。检验后要逐一报告全身检验情况。在那个时代能总结出这样的流程，已是非常不容易了。

　　虽然我们不应该，也不能按照现在的标准评判当时尸体检验的不足，但是，按照现代法医学的标准来看，这只是现今尸体检验的一个部分。现代法医学尸体检验包括三个部分：现场尸体检验、尸体外表检查和尸体解剖。后者在广义上还包括取材做病理组织切片检查及其他必要的辅助检查，如取血、尿、胃内容物及器官组织做血生化检验、微生物学检查和毒物分析等。这种全面系统的法医学尸体检验与宋慈那个时代的尸体检验有很大的区别，是在他那个时代里不可想象的。尽管如此，我们仍不能忽视他关于尸体检验的历史功勋。

　　身上件数：正头面、有无髻子。发长、若干。顶心、囟门、发际、额、两眉、两眼、或开或闭，如闭，擘开验眼睛全与不全①。鼻、两鼻孔。口、或开或闭。齿、舌、如自缢，舌有无抵齿。肷、喉、胸、两乳②、妇人两奶膀③。心、腹脐、小肚、玉茎、阴囊④、次揣撼两肾子全与不全⑤，妇人言产门⑥，女子言阴门⑦。两脚、大腿、膝、两脚臁肕、两脚胫、两脚面、十指爪⑧。

【注释】

①擘（bò）：用手把东西分开。这里指用手分开眼睑检查眼睛。

②胲（gǎi）：面颊。两乳：两乳头部。

③奶膀：乳房。

④心：心窝部。腹脐：肚脐。小肚：下腹部。玉茎：阴茎。

⑤揣撚（niǎn）：揉摸，揉捏。肾子：睾丸。

⑥产门：成年女子阴道。

⑦阴门：未成年女子阴道。

⑧脚臁胻（lián rèn）：小腿两侧。脚胻：小腿前部。脚面：足背。十
　指爪：十脚趾。

【译文】

尸体检验：正面：头、有无髻结。发长、多少。顶心、囟门、发际、额部、
两眉、两眼、是睁开的还是闭着的，若是闭着的，用手分开眼睑查看眼球是否完整。
鼻、两鼻孔。**口、**张开或是闭合。**牙齿、舌头、**如是上吊死的，舌头是否上抵牙齿。
面颊、喉部、胸部、**两乳、**女人的两乳房。心窝、肚脐、下腹部、阴茎、阴囊、之
后用手揉摸检查两睾丸是否完整，已婚妇女称产门，未婚女子称阴门。**两脚、两大
腿、**膝部、**两小腿外侧、**两小腿前部、两足背、十脚趾。

　　翻身：脑后、乘枕、项、两胛、背脊、腰、两臀瓣、有无杖疤。
谷道、后腿、两曲瞅、两腿肚、两脚跟、两脚板①。

【注释】

①乘枕：后枕部。项：颈后部。两胛：两肩胛部。背脊：脊柱。臀瓣：
　臀部。谷道：肛门。曲瞅（qiū）：腘窝，膝的后面。

【译文】

翻身检验：脑后、枕部、后颈部、两肩胛、脊柱、腰部、臀部、有无受荆板
刑的伤痕。肛门、大腿后部、两腘窝、两腿肚、两脚跟、两足弓。

　　左侧：左顶下、脑角、太阳穴、耳、面脸、颈、肩膊、肘、

腕、臂、手、五指爪^①、全与不全，或拳或不拳^②。曲腋、胁肋、胯、外腿、外膝、外臁朋、脚踝^③。右侧亦如之。四缝尸首须躬亲看验^④：顶心、囟门、两额角、两太阳、喉下、胸前、两乳、两胁肋、心、腹、脑后、乘枕、阴囊、谷道，并系要害致命之处。妇人看阴门、两奶膀。

　　于内若一处有痕损在要害，或非致命，即令仵作指定喝起。

【注释】

①脑角：两顶颥部突出部位。肩膊：肩膀。

②拳或不拳：有无握拳。

③曲腋：腋窝。胁肋：腋下部位。胯：两大腿之间。外腿：大腿外侧。

　外膝：膝部外侧。

④四缝：指尸体的前后左右。

【译文】

左侧检验：左顶外侧、顶颥部、太阳穴、耳、面部、颈、肩膀、肘、腕、手臂、五指，是否完整，有无握拳。腋窝、腋下部、胯、大腿外侧、膝、小腿外侧、脚踝。右侧检验同左侧。尸体的前后左右均须由检验官员亲自检查：顶部、囟门、两额角、两侧太阳穴、喉、胸、两乳、两腋下、心窝、腹部、脑后、枕部、阴囊、肛门，这些都是要害部位。女尸还要检验阴道、两乳房。

　　在其中如果发现要害部位有受伤的痕迹，即使不是致命伤，也要让仵作验明唱报。

　　众约死人年几岁，临时须仔细看颜貌供写^①，或问血属尤真。

　　凡检尸，先令多烧苍术、皂角^②，方诣尸前，检毕，约三五步，令人将醋泼炭火上③，行从上过，其秽气自然去矣。

多备葱、椒、盐、白梅④，防其痕损不见处，借以拥罨。仍带一砂盆，并槌研上件物⑤。

凡检复须在专一，不可避臭恶。切不可令仵作、行人遮闭玉茎、产门之类，大有所误。仍仔细验头发内、谷道、产门内，虑有铁钉或他物在内。

【注释】

①临时：临场，当场，现场。

②苍术（zhú）：菊科植物名，可入药。皂角：豆科植物名，果实富含皂质。

③将醋泼炭火上：即利用食醋中的醋酸与尸臭中的硫化氢和氨气反应，去除"秽气"。

④白梅：盐渍后的青梅子称"白梅"。

⑤槌：捶打。研：研磨。

【译文】

检验官员要先估测死者年龄，然后在验尸时仔细观察死者容貌，或讯问死者亲属，把死者年龄搞清楚。

检验时，要先多烧些苍术、皂角，然后才再靠近尸体，检验完毕，在三五步远的地方，让人把醋泼到炭火上，烟雾腾起，检验官员从其上走过，身上的臭气就自然去除掉了。

检验时要多准备葱、椒、盐、白梅，以便在发现不了伤痕时，用它们敷涂使伤痕显现。可随身带一个砂盆，捣研以上药物。

检验必须全身心地投入，不可怕脏怕臭。千万不要让仵作、行人用东西遮住阴茎、阴道之类的地方，这样一来会出大错。要仔细检查头发丛、肛门、阴道之内，看有无铁钉或其他东西在其中。

　　检出致命要害处,方可押两争及知见亲属令见①,切不可容令近前,恐损害体尸②。

　　被伤处须仔细量长阔、深浅、小大③,定致死之由。

　　仵作、行人受嘱④,多以芮—作茜。草投醋内⑤,涂伤损处,痕皆不见。以甘草汁解之⑥,则见。

【注释】

①知见:见识,见解。这里指有见识、讲道理。

②体尸:尸体。

③小大:即大小。

④受嘱:被打招呼或受人托付。

⑤芮草:即茜草,属茜草科,是优质的天然红色染料,亦可药用。

⑥甘草:豆科甘草属植物,可入药。

【译文】

　　把致命伤检查出来后,可以让双方当事人和讲道理的亲属看尸,但不得离得太近,以防破坏尸体。

　　检验尸体上的伤口应仔细测量其长度、深度和大小,并确定致死原因。

　　仵作、行人等被人收买后,往往把芮—作茜草放在醋里,涂在有伤痕的地方,这样就会看不出伤痕。遇到这种情况时可以用甘草汁解消芮草的作用,使伤痕重现。

　　人身本赤黑色,死后变动作青胍色①。其痕未见,有可疑处,先将水洒湿,后将葱白拍碎令开,涂痕处,以醋蘸纸盖上,候一时久除去,以水洗,其痕即见②。

　　若尸上有数处青黑,将水滴放青黑处,是痕则硬,水住不流；不是痕处软，滴水便流去。

【注释】

①青胊（ōu）色：青紫色。

②"后将葱白拍碎令开"几句：这是用酸、盐等共同发挥作用，固定
　伤口的做法。

【译文】

　　人的皮肤本来是红中带黑色的，死后会变为青紫色。如果没有见到
伤痕，但有怀疑之处，可先用水把皮肤浸湿，然后把葱白拍碎，敷在怀疑
有伤痕的地方，再用蘸醋的纸盖在其上，等候大约一个时辰之后拿掉，再
用水冲洗，伤痕即可显现。

　　如果尸体上有数处青黑色的地方，可用水慢慢滴在其上，如果是伤
痕则皮肉比较坚硬，水滴会停留在那里不流下来；如果不是伤痕则皮肉
比较松软，水滴就会流下来。

　　验尸并骨伤损处，痕迹未见，用糟醋泼罨尸首，于露天
以新油绢或明油雨伞覆欲见处，迎日隔伞看，痕即见①。若
阴雨以熟炭隔照，此良法也。或更隐而难见，以白梅捣烂，
摊在欲见处，再拥罨看。犹未全见，再以白梅取肉，加葱、
椒、盐、糟一处研，拍作饼子，火上煨令极热，烙损处，下先用
纸衬之，即见其损②。

【注释】

①"验尸并骨伤损处"几句：在阳光下，隔着新油绢或明油伞观察伤
　痕，可以使肉眼看不出的伤痕显现。该方法利用新油伞过滤光
　线，在紫外线下观察伤痕，符合光学原理。该试验在宋沈括《梦

溪笔谈》中亦有介绍。

②"以白梅捣烂"几句：白梅敷骨、敷伤处的原理是利用白梅的酸性使血红蛋白颜色加深，进而使伤痕显现。白梅、酸、盐等共同发挥作用，有防止外界感染、消除炎症、固定伤口的作用，符合现代科学原理，这是该书中最精彩的部分之一。

【译文】

关于不明显的伤痕和骨伤的检验，如果伤痕不明显，可用酒糟和醋清洗尸体，再把尸体抬到露天的地方用新油绢或新明油伞遮盖在伤痕上方，迎着阳光隔伞观察，即可看到伤痕。如果是阴雨天气则将炭火烧旺隔伞观察即可看到伤痕，这是种很好的方法。对于更为隐蔽的伤痕，可以将白梅捣烂，涂在想要显现伤痕的地方，再覆盖之后验看。如果还是看不清，就再剥下白梅肉，加葱、椒、盐、酒糟一起研磨，拍制成饼，放在火上烤得很热，用热饼烙在伤处，烙之前先用纸垫上，伤痕就会显现出来。

　昔有二人斗殴，俄顷一人仆地气绝，见证分明，及验，出尸乃无痕损。检官甚挠[①]。时方寒，忽思得计，遂令掘一坑，深二尺余，依尸长短，以柴烧热得所，置尸坑内，以衣物覆之，良久，觉尸温，出尸以酒醋泼纸贴，则致命痕伤遂出。

【注释】

①挠：烦扰。

【译文】

曾有二人斗殴，不久其中一人倒地身亡，有见证人可以证明，检验时，尸体上并没有伤痕。检验官员很伤脑筋。当时正值寒冬，检验官员忽然想出了一个办法，让人挖了一个坑，深二尺多，长与尸体相仿，用柴火把坑里烧热，将尸体放入坑内，用衣物盖好，一段时间后，觉得尸体温热了，抬出尸体并贴上蘸了酒醋的纸，致命伤痕就显现出来了。

拥罩检讫，仵作、行人喝四缝尸首，谓：尸仰卧自头喝：顶心、囟门全，额全，两额角全，两太阳全，两眼、两眉、两耳、两腮、两肩并全，胸、心、脐、腹全，阴肾全①，妇人云产门全，女人云阴门全。两髀、腰、膝、两臁肕、两脚面、十指爪并全。

左手臂、肘、腕并指甲全，左肋并胁全，左腰、胯及左腿、脚并全。右亦如之。

翻转尸，脑后、乘枕全，两耳后发际连项全，两背胛连脊全，两腰眼、两臀并谷道全，两腿、两后腘、两腿肚、两脚跟、两脚心并全。

【注释】

①阴肾全：阴囊、睾丸完整。

【译文】

按照上法检验后，仵作、行人喝报全身检验情况，顺序是：尸体仰卧位，从头喝报：顶心、囟门完整，额部完整，两额角完整，两太阳穴完整，两眼、两眉、两腮、两肩膀都完整，胸、心窝、脐、腹部完整，阴茎、阴囊完整，已婚妇女说产门完整，未婚女子说阴门完整。两大腿、两腰、两膝、两腿、两脚背、十趾完整。

左手臂、肘、腕及手指连指甲完整，左肋及腋下完整，左腰、胯及左腿、脚完整。右侧也是如此。

翻转尸体，唱报脑后、枕部完整，两耳后发际连颈部完整，两肩胛、脊柱完整，两腰、两臀和肛门完整，两腿、腘窝、两小腿、两脚跟、两足弓完整。

九　妇人

【题解】

作为具体讲述不同尸体检验的章节，宋慈首先写妇人、小孩和胎儿的尸体检验，这体现了他对妇幼及胎儿尸体检验的重视，在那个时代是非常难能可贵的。他首先要求检验官员对检验女尸不可难为情而躲避。检验女尸，要通知接生婆、家属等人到场，这与现在要求的法医检验女性被鉴定人须有女法医或女医生在场基本一致。具体检验工作涉及检查女尸是否为处女、有无胎孕、阴道内有无被塞入异物，以及检查被埋女尸时还发现有死孩等情况。

值得一提的是，宋慈对于女尸附近有死孩的情况，在当时就做出了科学、合理的解释。"被埋女尸检查时发现还有死孩是什么缘故？这是因为尸体在水土环境里，随着腐败进展，尸体严重膨胀，骨盆分离，腹内死胎就被压了出来。"这就是现代法医学上所称的"死后分娩"，指的是已怀孕的女尸被埋葬后，经过一段时间，因尸体发生死后变化，腐败逐步进展，产生大量的腐败气体，使腹内压增高，将胎儿从与外界相通的阴道挤出体外。

关于小孩和胎儿的尸体检验书中讲述得不多。记录了某父亲因争斗结仇用脚后跟将儿子踩死诬陷他人的案子。另外，对小孩尸骨的检验，在检验报告上写"检验了十二三岁的小孩尸体一具"即可，这可能与当时的历史条件所限有关。对于堕胎案件的检验，其月份可以叫接生婆来定，检验只写"成人形或未成人形"两种情形记录在案。前者是"已成人形的胎儿，可以看到脑、口、眼、耳、鼻、手、脚、指甲等齐全，亦有脐带等"；后者的意思是"没有成人形的胚胎，只能看到血肉一片，或一块"。文中最后特别讲到了死、活胎儿的鉴别：胎儿受惊后，死在母体里然后堕下，胎盘呈紫黑色；生下后才死的，胎尸呈淡红色，不呈紫黑色，胎盘白。这些现象与血液循环何时停止有关，是在丰富经验的基础上进行的概括与总结。

　　当然,随着医学的发展,今天的法医要鉴别出生时是死胎,还是活胎,只检验胎尸和胎盘的外表是不够的,还应进行尸体解剖做肺浮扬试验和胃肠浮扬试验,并进行组织病理学检查,看肺泡是否扩张。活产,因在母体外进行过呼吸,故肺泡扩张,将肺投入冷水后肺就会上浮;死产,由于未曾呼吸过,肺泡不扩张,肺组织呈实体状,因此将肺放在冷水中不会上浮而会下沉。也就是说,胎儿出生时,直到有了啼哭声后才意味着一个新的生命真正开始!

　　凡验妇人不可羞避^①。

　　若是处女^②,劄四至讫^③,异出光明平稳处。先令坐婆剪去中指甲^④,用绵札。先勒死人母亲及血属并邻妇二三人同看,验是与不是处女。令坐婆以所剪甲指头入阴门内,有黯血出是,无即非。

【注释】

①妇人:这里指女尸检验。羞避:这里指对检验女尸感到难为情而躲避。这种实事求是的检验思想和方法,在当时极有意义。

②处女:这里指未婚女子尸体检验。现代法医学上,检验新鲜、陈旧、瘢痕处女膜,可以判断新近性交、有性交史及是否分娩等,处女膜形状各异,是法医学研究的内容。

③劄:书写。

④坐婆:即产婆,接生婆。

【译文】

检验官员检验女尸时不应因难为情而躲避。

如果检验的是未婚女尸,应先把尸体周围接界地方记录清楚,然后把尸体抬到明亮平稳的地方。先让接生婆剪掉中指的指甲,用丝绵把指头包好。事先通知死者母亲、家属及二三个邻居到场一起验看,检查是否为处女。让接生婆把剪好指甲的中指伸入女尸的阴道,抽出指头后丝绵上沾有黑血的即是处女,没有则不是处女。

　　若妇人有胎孕不明致死者,勒坐婆验腹内委实有无胎孕。如有孕,心下至肚脐,以手拍之坚如铁石,无即软。

　　若无身孕,又无痕损,勒坐婆定验产门内,恐有他物。

【译文】

　　如果要检验的是不知生前是否有胎孕的妇女尸体,可以叫接生婆检查腹部确定胎孕情况。如果怀了胎,从心窝到肚脐,用手拍打时会感觉肚子里坚硬如铁石,如果没有怀胎则腹部是软的。

　　如果女尸没有怀孕,身上也没有损伤,那就应该让接生婆检查阴道,其中可能被塞入什么东西。

　　有孕妇人被杀,或因产子不下身死,尸经埋地窖,至检时却有死孩儿。推详其故,盖尸埋顿地窖[①],因地水火风吹,死人尸首胀满,骨节缝开,故逐出腹内胎孕孩子[②]。亦有脐带之类,皆在尸脚下。产门有血水、恶物流出。

　　若富人家女使,先量死处四至了,便扛出大路上,检验有无痕损,令众人见,以避嫌疑。

【注释】

①埋顿:安葬。

②死人尸首胀满,骨节缝开,故逐出腹内胎孕孩子:随着尸体腐败进

展,尸体严重膨胀,骨盆分离,腹内死胎被压出来。现代法医学把
这一现象称之为"死后分娩",其原理与宋慈所说一致。

【译文】

有的孕妇被杀害,或者因为孩子生不下来而难产死亡,尸体被埋在
地窖里,检验时却发现还有死孩在那儿。详细推敲其中的道理可以明
白,这是因为尸体被埋在地窖里,由于在这种水土环境里,尸体腐败膨
胀,骨盆分离,所以压出了腹内的死胎。死胎也会连着脐带之类的组
织,流到女尸的脚下。检查可以见到女尸的产门处有污血、其他脏东西
等流出。

检查财主家女仆的尸体时,应先把尸体的四面接界量好,再把尸体
抬到大路上,检验有无损伤,让在场人都看清楚,以避免产生不必要的
嫌疑。

附：小儿尸并胞胎

有因争斗因而杀子谋人者①,将子手足捉定,用脚跟于
喉下踏死。只令仵作、行人以手按其喉必塌,可验真伪。

【注释】

①谋人:陷害他人。

【译文】

有个因为争斗结仇而把儿子杀死诬陷他人的人,他把儿子的手脚捉
住固定,用脚后跟朝儿子的喉部踩踏致其死亡。检验时让仵作、行人用
手按压死孩的喉部就可触及塌陷,真伪可辩。

凡定当小儿骸骨,即云:"十二三岁小儿。"若驳问:"如
何不定是男是女?"即解云①:"某当初只指定十二三岁小

儿②,即不曾说是男是女,盖律称儿,不定作儿是男女也。"

【注释】

①解:解释,辩解。

②当初:指案件发生时的检验。

【译文】

对小孩尸骨的检验,在检验报告上写:"检验了十二三岁的小孩尸体一具。"即可。假如有人挑剔:"为什么不写清是男是女?"可以解释:"我初检时只写十二三岁的小孩,并不曾说是男是女,是因为法律规定称小孩,没有规定要分男女。"

堕胎者①,准律未成形像杖一百,堕胎者徒三年。律云堕,谓打而落,谓胎子落者②。按《五藏神论》③:怀胎一月如白露,二月如桃花,三月男女分,四月形像具④,五月筋骨成,六月毛发生,七月动右手,是男于母左,八月动左手,是女于母右,九月三转身,十月满足。

【注释】

①堕胎:打胎,胎儿堕落。

②律云堕,谓打而落,谓胎子落者:法律说的"堕"是指打胎,但要胎儿离开母体"落地"了才构成"堕胎罪"。《宋刑统》中关于堕胎胎儿"成形"与"未成形",有不同的刑罚规定。

③《五藏神论》:印度医书。唐宋时期有不少中外医学交流,其中的胎相观与妊娠学说,对中医有一定的影响。此处以该书的观点作为判断堕胎及胎儿月数的鉴定标准,为刑罚轻重提供了依据。

④形像:指胚胎初具人形。

【译文】

关于堕胎案件的检验,法令规定凡是堕下没有成人形的胚胎的应杖责一百;堕下成人形的胎儿的应判处三年徒刑。法令所说的"堕",是指打下胎儿,要胎儿脱离母体才构成堕胎罪。据《五藏神论》:怀胎一月如露水般大小,二月如桃花般大小,三月可分出男女,四月初具人形,五月有骨架,六月长毛发,七月胎儿右手会动,如是男胎则在母体左侧腹部可感觉出来,八月胎儿左手会动,如是女胎在母体右侧腹部可感觉出来,九月胎动频繁,十月足月临盆待产。

若验得未成形像,只验所堕胎作血肉一片,或一块。若经日坏烂,多化为水。若所堕胎已成形像者,谓头脑、口、眼、耳、鼻、手、脚、指甲等全者,亦有脐带之类。令收生婆定验月数[①],定成人形或未成形[②],责状在案。

【注释】

①收生婆:接生婆。

②定成人形或未成形:这里指检验只写两种情形,成人形或未成人形。这是因为,宋朝法令只规定了这两种情形的处罚标准,即前文所讲的:"堕胎者,准律未成形像杖一百,堕胎者徒三年。"关于未成形(胚胎)和成人形(胎儿)的区别:一是发育时间不同,胚胎是受精后的第3～8周的胎体,胎儿是妊娠8周以后的胎体;二是发育阶段不同,未成形(胚胎)指精子、卵子受精后先形成桑椹胚,然后形成囊胚,并植入在子宫内膜中继续发育;成人形(胎儿)指已初具人形,各器官逐渐发育成熟。

【译文】

如果检验堕下没有成人形的胚胎,则只能看到血肉一片,或一块。

如果时隔多日腐败，则大多已经化成血水。如果堕下已成人形的胎儿，则可以看到头脑、口、眼、耳、鼻、手、脚、指甲等齐全，也有脐带等组织。可叫接生婆来确定其月份数，写清楚成人形或未成人形的情况，记录在案。

堕胎儿在母腹内，被惊后死胎下者，衣胞紫黑色①，血荫软弱②。生下腹外死者，其尸淡红赤，无紫黑色，及胞衣白。

【注释】

①衣胞：胎盘和胎膜。

②血荫：由于血液淤结而隐约出现的印痕。

【译文】

胎儿在母体里，受到惊吓死亡然后堕下的，胎盘呈紫黑色，血液淤结的痕迹不明显。生下后在母体外死亡的，尸体呈淡红色，不呈紫黑色，且胎盘是白色的。

十　四时变动

【题解】

四时，即指四季。四时变动一节，主要是写春、夏、秋、冬四季不同时间尸体所发生的一些变化，也就是现代法医学意义上的死后变化，是法医病理学的重要内容之一。

死后变化是指人死后因受各种内外因素的影响而在尸体上发生的各种变化；由于这些变化使尸体表面和内部器官组织呈现特有的征象，故亦称尸体现象。死后变化的发生、发展有一定的时间规律，但亦受很多因素的影响，从而加速或减慢，甚至暂时终止其发生和发展。按死后经过时间，死后变化分为早期和晚期两大类。①早期死后变化，有超生反应、肌肉松弛、皮革样化、角膜混浊、尸冷、尸斑、内部器官血液坠积、尸僵、尸体痉挛、自溶、溶血、自家消化和尸体内早期的化学改变,如钠、钾等电解质离子浓度、各种蛋白质和酶类、细胞核的DNA含量改变及早期死后人为现象等。②晚期死后变化,包括尸体腐败的各种征象、霉尸、白骨化、木乃伊、尸蜡、泥炭鞣尸、古尸、浸软、晚期的动物和自然环境因素对尸体的毁坏及晚期死后人为现象。根据尸体是否完整,分为毁坏型和保存型死后变化两大类。前者包括尸体腐败的各种征象、霉尸、白骨化及动物和自然因素对尸体的毁坏;后者是指木乃伊、尸蜡、泥炭鞣尸、古尸和浸软等。

法医学研究死后变化主要是为了推测死后经过时间、进行个人识别、与生前损伤和疾病的病理变化相鉴别。这不仅是法医病理学工作者的一项基本功,而且是做好法医检案鉴定工作的必要基础和十分重要的前提。

宋慈在本节中,不仅总结了不同季节和不同地理气候对死后变化的影响,在尸体上所表现的不同变化,告诫人们要"因时、因地制宜,具体分析得出可靠结论",而且还较详细地讲解了个体差异的影响,如尸体用草席包裹、放在潮湿处,变化慢;肥胖、年幼的尸体死后变化发展快、易腐败;年老久病瘦弱的尸体变化要慢,不容易腐烂等。同时告诫检验官员,要是怕脏怕臭,马虎行事,往往就会出错。

特别值得一提的是,宋慈在那个时代就把昆虫学知识应用于尸体检验,在书中多次运用不同季节、不同温度下"蛆出"的时间来推断死亡时间,这是非常难得的,也与现代法医昆虫学知识相吻合,因此,具有十分重要的法医学意义。

春三月,尸经两三日,口、鼻、肚皮、两胁、胸前,肉色微青①。经十日,则鼻、耳内有恶汁流出,胖匹缝切,胀臭也。胀②。肥人如此,久患瘦劣人,半月后才有此证。

【注释】

①肉色微青：指人死后早期出现的淡紫色"尸斑"。宋慈介绍的在
前胸、下腹部出现"肉色微青"，现代法医学称之为"尸绿"。

②胖（pàng）：膨胀发臭的样子。

【译文】

春季，尸体经过二到三天，口、鼻、腹部、两肋、胸前等部位，会微微泛青。如经过十天，则鼻孔、耳内有恶臭液体流出来，尸体会发臭音匹缝切，肿胀发臭。膨胀。死者生前肥胖的尤其如此，而久病瘦弱的人，要在死后半个月才会出现上述现象。

夏三月，尸经一两日，先从面上、肚皮、两胁、胸前肉色变动。经三日，口鼻内汁流，蛆出①，遍身胖胀，口唇翻，皮肤脱烂，疱疹起②。经四五日发落。

【注释】

①蛆出：这里指出现蛆虫。关于尸体上蛆虫的来源，宋慈没有交代，
但记载与蝇有关。我国古代对此也有所记载。汉代《说文解字》
中称："蛆，蝇乳肉中虫也。"宋代《续博物志》中记载："物腐则蛆
出，蛆生蝇，蝇自生蛆，岂有穷乎？"这一观点进一步明确了蝇与
蛆的关系及其滋生场所，但没有认识到蝇产卵、孵化成幼蛆、成熟
蛆、再化蛹为蝇的生活周期，而是认为"蛆生蝇，蝇生蛆"，二者互
为母本。直到明李时珍《本草纲目》才澄清这一事实："蝇，处处
有之，夏出冬蛰，喜暖恶寒，……蛆入灰中蜕化为蝇，如蚕、蝎之
化蛾也。"用蚕由卵到蚕幼虫到化蛹成蛾的生活周期，来解释蝇
的生活史是再恰当不过的了。宋慈把昆虫学知识应用于检验，是
难能可贵的。此外，书中多次运用不同季节、不同温度下的"蛆
出"时间推断死亡时间，具有法医学意义。

②遍身胖胀，口唇翻，皮肤脱烂，疱疹起：人死后经过一定时间，尸体在细菌等作用下腐败膨胀，出现全身肿胀、口唇外翻、皮肤水疱等高度腐败的尸体现象，这时尸体比原来胀大，面目全非，也称"巨人观"。

【译文】

夏季，尸体经过一到二天，面部、腹部、两胁、胸前的皮肤变青。经过三天，口、鼻内有恶臭液体流出来，出现蛆虫，全身膨胀，口唇外翻，表皮剥脱，皮肤出现水疱。经过四到五天头发脱落。

暑月罨尸，损处浮皮多白，不损处却青黑，不见的实痕。设若避臭秽，据见在检过，往往误事。稍或疑处，浮皮须令剥去，如有伤损，底下血荫分明①。

更有暑月，九窍内未有蛆虫，却于太阳穴、发际内、两胁、腹内先有蛆出，必此处有损②。

【注释】

①血荫分明：皮下出血明显。

②"更有暑月"几句：在夏天里，死者九窍内未出现蛆虫，而先在太阳穴、发际内、两肋、腹内先出现蛆虫，则表明这些地方必定有伤口、出血。从现代法医昆虫学角度来讲，人死后因尸体腐败而吸引苍蝇，但如果人是被刺伤后死亡的，则伤口的出血、化脓等会更早地吸引苍蝇到来。这是因为，苍蝇到达尸体除了饱食外更重要的目的是产卵繁衍后代，而出血、化脓的伤口是其首选的地方，故宋慈这段话是有科学依据的，并与现代法医昆虫学知识相吻合。九窍，指两眼、两耳、两鼻孔、口和肛门、阴道。蛆出，长蛆。有损，指有伤口、出血。

【译文】

　　盛夏时用糟、醋等洗敷尸体,有伤的地方表皮变白,没有伤的地方表皮还是青黑色,看不出确切的伤痕。检验官员要是怕脏怕臭,仅依据所见就算检验完毕,则往往会出错误事。对可疑的地方,必须剥掉表面的皮肤,假使有伤,则浮皮下的出血痕迹很明显。

　　盛夏时,尸体上的九窍里还没有蛆虫,却先在太阳穴、发际、两肋、腹部先发现蛆虫,则要注意这些部位必定有损伤。

　　秋三月,尸至二三日,亦先从面上、肚皮、两胁、胸前肉色变动。经四五日,口鼻内汁流,蛆出,遍身胖胀,口唇翻,疱疹起。经六七日发落。

【译文】

　　秋天,尸体经过二到三天,先在面部、腹部、两胁、胸前皮肤变青。经过四到五天,口、鼻内出现恶臭液体和蛆虫,全身发胀,口唇外翻,尸体起疱。经过六到七天头发脱落。

　　冬三月,尸经四五日,身体肉色黄紫,微变。经半月以后,先从面上、口、鼻、两胁、胸前变动。

　　或安在湿地,用荐席裹角埋瘗,其尸卒难变动。更详月头月尾,按春秋节气定之。

【译文】

　　冬季里,尸体经过四到五天后,全身皮肤慢慢变成淡黄紫色,变化不大。经过半个月后,先从面部、口、鼻、两肋、胸前开始发生变化。

　　有的尸体放在潮湿处,用草席包裹掩埋,这种尸体会变化得慢些。

特别要注意时间是在月初还是月末,依照春季、秋季的节气确定尸体变化的时间。

　　盛热,尸首经一日即皮肉变动,作青黯色,有气息^①。经三四日,皮肉渐坏,尸胀蛆出,口鼻汁流,头发渐落。

　　盛寒,五日如盛热一日时,半月如盛热三四日时。

　　春秋气候和平,两三日可比夏一日,八九日可比夏三四日。

【注释】

①气息:指尸臭。

【译文】

　　在大热天,尸体经过一天皮肤颜色就会发生变化,出现青黑色,有臭味散发出来。经过三到四天,全身开始腐烂,肿胀且出现蛆虫,口鼻有血性液体流出,头发开始脱落。

　　在大冷天,尸体放置五天的情形相当于大热天时的一天,半个月相当于大热天时的三四天。

　　春秋季节气候平和,二三天相当于夏季的一天,八九天相当于夏季的三四天。

　　然人有肥瘦老少,肥少者易坏,瘦老者难坏。

　　有南北气候不同,山内寒暄不常,更在临时通变审察。

【译文】

　　然而人有胖瘦老幼之分,肥胖、年幼的尸体容易腐烂,消瘦、年老的尸体不容易腐烂。

另有南北气候变化不一样,山区冷热变化不同寻常,这些都要在检验时因时、因地制宜,具体分析得出可靠结论。

十一　洗罨

【题解】

本节主要讲三点。

1.检验时衬垫尸体的东西要注意不能损害尸体。过去因条件所限,尸检时没有解剖台,就用纸或布等衬垫。书中特别提到,衬垫尸体的纸只有藤连纸、白抄纸可以使用;不宜使用竹制纸,因其沾上盐、醋类就会烂,可能损害尸体。在现代,尸体在转运和存放过程中同样要注意不能损害尸体及尸体上的有关物证,或使本来不是尸体上的物品粘附于尸体上,留下"新的物证"。这样会导致物证检验和尸检鉴定的失误。

2.洗去尸体表面的污垢,以便检验。书中提出,先干洗一遍,再用水冲洗。可能由于历史原因所限,文中并未涉及寻找、观察、提取并保存尸体表面的有关物证的内容。如果不先进行拍照,保全证据,提取有关物证,待干洗和水冲洗后,有关证据就会被破坏,甚至消失,如犯罪嫌疑人留在死者尸体表面的血痕等。这值得今天的法医工作者注意。

3.用醋浇的方法,使尸体变软,便于检验。书中对在不同的季节,采用不同温度的醋做了具体的描述。如初春和冬天,天气寒冷,醋要煮热,酒糟要炒热。二月、三月和九月,应用温热的酒糟。夏天和初秋,酒糟只要稍热即可。因为在炎热的天气,过热的糟、醋易损伤尸体皮肉。这里实际上是在讲人死后尸体形成尸僵,要采取一些方法使尸僵缓解、尸体变软,便于检验。现代法医学也面临同样的问题。特别是尸体被冷冻后变得僵硬如石,尸检前必须解冻,让其"变软",才能检验。虽然现在不会应用热醋,但也必须注意解冻的时机和方法,以免影响尸体检验的结果。

宜多备糟醋。衬尸纸惟有藤连纸、白抄纸可用^①，若竹
纸^②，见盐醋多烂，恐侵损尸体。

【注释】

①藤连纸：以藤为原料制成的纸。古时浙江绍兴、嵊州等地出产藤
　连纸。白抄纸：公文纸。

②竹纸：以竹子为原料的纸。

【译文】

检验时应备足酒糟和醋。衬垫尸体的纸只有藤连纸、白抄纸可以使
用，如果使用竹制纸，则其沾上盐、醋类就会坏烂，可能损害尸体故不宜
使用。

舁尸于平稳光明地上，先干检一遍，用水冲洗。次挼皂
角洗涤尸垢腻^①，又以水冲荡洁净。洗时下用门扇、簟席衬，不
惹尘土。洗了，如法用糟醋拥罨尸首。仍以死人衣物尽盖，
用煮醋淋^②。又以荐席罨一时久，候尸体透软，即去盖物，以
水去糟醋，方验。不得信行人说，只将酒醋泼过，痕损不出。

【注释】

①挼（ruó）：揉搓。皂角：皂荚，民间用之洗涤去垢。

②淋：浇。

【译文】

把尸体抬到平稳且光线好的地上，先干检一遍，再用水冲洗。然后
揉搓皂角洗去尸体上的污垢，再次用水冲洗。洗尸时下垫门板、竹席，以免沾
上泥土。洗完后，按惯例在尸体上涂上酒糟和醋。仍旧以死者衣物覆盖
尸体，同时用煮热的醋浇在尸体上。再用草席紧盖一个时辰，等到尸体

变软后,除去覆盖物,用水冲掉酒糟和醋,便可进行检验了。不要听信行人的话,只用酒醋泼洗一下,那样是显不出伤痕的。

初春与冬月宜热煮醋,及炒糟令热。仲春与残秋宜微热。夏秋之内,糟醋微热,以天气炎热,恐伤皮肉。秋将深则用热,尸左右手、肋相去三四尺[1],加火熻[2],以气候差凉。冬雪寒凛,尸首僵冻,糟醋虽极热,被衣重叠拥罨,亦不得尸体透软。当掘坑长阔于尸,深三尺,取炭及木柴遍铺坑内,以火烧令通红,多以醋沃之[3],气勃勃然,方连拥罨法物、衬簟舁尸置于坑内,仍用衣被覆盖,再用热醋淋遍。坑两边相去二三尺,复以火烘。约透去火[4],移尸出验。冬残春初,不必掘坑,只用火烘两边,看节候详度[5]。

【注释】

①相去:距离。

②熻(xié):熏烤。

③沃:浇。

④透:这里指"透软",即尸体完全变软。

⑤详度:详细考虑,慎重裁定。

【译文】

初春和冬天,天气寒冷,醋要煮热,酒糟要炒热。二月、三月和九月,应该用温热的酒糟和醋。夏天和初秋,酒糟和醋只要稍热即可,因为在炎热的天气,过热的酒糟和醋易伤害尸体皮肉。秋天,随着气候转凉,酒糟和醋要热些,并在离尸体两手和肋部三四尺远的地方,用火烘烤,这是因为此时气温较低。冬天,寒风凛冽,尸体僵硬,即使用滚热的酒糟和醋洗敷,并盖几层厚衣被,也难使尸体变软。这种情况下,应挖一个三尺深、比尸体大些的土坑，在坑底铺一层木柴和炭，用火烧得通红，然后多用醋把火浇灭，趁着冒热气时，把尸体连同衬垫物一起抬放到坑里，用衣被盖好，用热醋浇尸，在离坑两边二三尺的地方，烧火烘烤。大约尸体变软后把火撤去，抬尸出来检验。如果是冬末春初，就不必挖火坑，只须在尸体两边烘烤即可，看气候变化仔细考虑决定。

湖南风俗，检死人皆于尸旁开一深坑，用火烧红，去火入尸，在坑内泼上糟醋，又四面用火逼^①，良久，扛出尸。或凶人争痕损，或死人骨属相争不肯认，至于有三四次扛入火坑重检者。人尸至三四次经火，肉色皆焦赤，痕损愈不分明，行吏因此为奸。未至一两月间，肉皆溃烂。及其家有论诉^②，差到聚检官时，已是数月，止有骨殖^③，肉上痕损并不得而知。火坑法独湖南如此，守官者宜知之^④。

【注释】

①逼：迫近。

②论诉：论辩申诉。

③骨殖：尸骨。

④守官者：在当地（这里指湖南）做官的官员。

【译文】

湖南的习惯做法是，检验时在尸体旁边挖一个深坑，用火烧红深坑后，撤除火并把尸体放入，在坑里泼洒酒糟和醋，同时在四面用火烤，一段时间后，把尸体抬出检验。遇到一些凶杀案的犯人对伤痕有争执，或死者家属因验不出伤痕不肯罢休，就有可能接二连三地抬进火坑检验。人的尸体三四次进出火坑，皮肉都已烤焦，伤痕更加难以分辨，行人和差役就容易作弊。不到一两个月，尸体便腐烂不堪。等到家属论辩申诉，检验官员到来时，已事隔几个月，只剩下尸骨了，皮肉上的伤痕早已不见，不得而知了。这种火坑法只在湖南使用，在当地为官者应该了解这种验尸法的弊端。

十二　验未埋瘗尸

【题解】

未埋瘗尸，即未埋葬的尸体。按宋朝法律规定，未埋葬尸体可能有以下原因：无名尸、无主尸、不明原因遗留在路上或野外的尸体、凶杀案等待官方检验的尸体、狱中死亡尸体、官方检验后按法律规定须复验的尸体等。

本节对未埋尸体的检验主要包括下述两个部分。

1.首先观察尸体所处的环境、方位。如尸体是在室外还是在室内。若在室外，是在房前屋后的露天地上，还是在山上、溪涧、草丛、灌木里，并观察尸体四周的情况。若是在室内，则观察尸体在哪个位置，尸体上下有无盖、垫着什么东西等。这实际上是现代法医学中现场尸体检验的主要内容，其对判断案件的性质和死亡原因等具有十分重要的意义。

2.尸体的一般观察。从头到脚都要一一检查，如尸体有多长，头发有多少，有无纹身、军籍字号、伤痕、疤痕及其部位与形态，随身行李的名称和件数等，从而辨认死者的职业、身份和年龄等。由此可见宋慈在那时已把尸体的一般检验写得非常仔细、全面了，而且还涉及到个人识别和死者年龄的推断问题。但可能是因条件所限，这里对个人识别和年龄推断并没有做更进一步的讲述。

未埋尸首，或在屋内地上，或床上，或屋前后露天地上，或在山岭溪涧草木上，并先打量顿尸所在①，四至、高低②，所离某处若干。在溪涧之内，上去山脚或岸几许，地名甚处。若屋内，系在何处，及上下有无物色盖簟。讫，方可异尸出验。

【注释】

①顿尸：停尸。

②四至：旧指田地、住宅等四周的界限。这里指尸体与周围接界的地方。

【译文】

未埋葬尸，可能被发现死于屋内地上，或床上，或房前屋后露天地上，或在山上、溪涧、草丛、灌木里，检验前，要仔细观察测量尸体所在的地方，尸体的四周情况、高低位置，距离某个重要之处有多远。如果是溪涧里的尸体，其与山脚或河岸的距离如何，地名叫什么。若死在屋内，尸体在哪个位置，尸体上下有没有垫着或盖着什么东西。这些都勘验完毕，才把尸体抬出检验。

先剥脱在身衣服，或妇人首饰，自头上至鞋袜，逐一抄劄，或是随身行李，亦具名件①。讫，且以温水洗尸一遍了，验。未要便用酒醋。

【注释】

①名件：名称和件数。

【译文】

先脱掉尸体上的衣服，包括女性的首饰，从头到脚，逐一记录登记，死者随身行李，也要写清名称、件数。这些事情做完，用温水洗尸一遍，才着手验尸。此时尚且不使用酒醋。

剥烂衣服，洗了①，先看其尸有无军号②，或额角、面脸上所刺大小字体③，计几行或几字，是何军人。若系配隶人④，所配隶何州、军。字亦须计行数。如经刺环，或方或圆，或在手背、项上，亦计几个；内是刺字或环子，曾艾灸或用药取，痕迹黯淰及成疤瘢⑤，可取竹削一篦子⑥，于灸处挞之，可见。辩验色目人讫⑦，即看死人身上甚处有雕青、有灸瘢⑧，系新旧疮疤⑨，有无脓血⑩，计共几个；及新旧官杖疮疤⑪，或背或臀；并新旧荆杖子痕⑫，或腿或脚底；甚处有旧疮疖瘢，甚处是见患，须量见分寸；及何处有黯记之类，尽行声说。如无，亦开写。打量尸首，身长若干，发长若干，年颜若干⑬。

【注释】

①洗了：这里指完成干洗、水冲尸体的检验程序。了，结束。

②军号：军队番号。

③所刺大小字体：指宋朝时受黥刑的痕迹，即在额、面上刺不同大小的字，以示对不同罪责的刑罚。

④配隶人：宋朝时，在额、面上刺有不同大小字的犯人被发配到边远地方军中服役称"刺配"，被刺配的犯人称"配隶人"或"配军"。

⑤黯淰（lǎn）：这里指伤痕模糊不清。黯，暗色。淰，这里指盐腌后颜色变浅或模糊不清。

⑥篦（bì）子：即篦梳，是竹制的、带较密齿的梳子。

⑦色目人：宋朝时，对不同身份和职业的人编排名目，以区别贵贱，如乐户、戏子、丐户、蛋户、渔户和囚属为贱户。色目，目录、名册、名目。

⑧雕青：又称"纹身"，即在人体上刺花纹，涂上颜料。

⑨新旧疮疤:新旧伤痕。

⑩脓血:皮肤破溃、化脓感染。

⑪官杖:即杖刑。

⑫荆杖子:宋时用作杖刑的工具,荆木有弹性、耐用,被用作标准刑具。

⑬年颜:年龄。

【译文】

剥下衣服,完成洗尸后,先看尸体上有没有刺军籍字号,或者在额角、脸上所刺字的大小、什么字,共有几行或几个字,是属于哪里的军人。如果是充军的犯人,是发配到哪个州、哪个军营的。刺字也要计行数。如果刺的是环形的记号,要看是方的还是圆的,在手背、颈项部还有几处记号;刺的是字,还是环形记号,有无用艾灸或涂药?伤痕模糊不清或形成瘢痕的,可以用竹子削成篦子,在这些地方刮几下就可以看清楚。辨认死者职业、身份之后,应注意观察尸体上什么地方有纹身。有艾灸的疤痕,是新的还是旧的疤痕,伤口有没有化脓感染,一共有几处;有没有受杖刑的新旧伤疤,可能在背上或者臀上,有没有荆杖子打的新旧伤痕,可能在腿上或者脚底。哪些地方有旧的疮疤,哪些地方还长疖子,应把它们的尺寸一一量好;以及哪些地方有暗记之类,都应记录清楚。如果没有这些情况,也要写清记明。测量并估计尸体,身高是多少,头发的长短是多少,年龄是多少。

十三　验坟内及屋下殡殓尸

【题解】

与前一节相对,本节主要是讲已埋葬之尸体的检验。对此,宋慈重点写了其与未埋尸体检验的不同之处及检验顺序。

首先,应验看坟堆,了解该坟堆是在谁家的地上,地名叫什么,量出坟的长、宽、高。其次,根据坟的位置,看尸体的头脚朝向等。

然后,当众挖开浮土,看尸体是用何物包裹,如棺材、席子等。如果是棺材,要看有无油漆或纹饰,如果是席子,要看有无边饰及编织粗细。

最后,打开棺材或席子,把尸体抬到光线好的地方检验。

这里,对已埋尸体的检验就是现代法医学上所说的"尸体发掘",即"开棺验尸"。宋慈已将其描述得十分清楚。

当然,今天的开棺验尸要复杂得多。例如,开棺前要详细了解案情,分析开棺验尸的必要性、可行性及其他方方面面的问题。否则,可能会造成"开棺容易盖棺难"的尴尬局面。同时,也不能因某些原因而推辞拒绝,只是应将一些准备事项和相关工作做在前面。

先验坟系何人地上,地名甚处。土堆一个,量高及长阔,并各计若干尺寸,及尸见攒殡在何人屋下①,亦如前量之。

【注释】

①攒(zuān)殡:入殓后停枢待葬。

【译文】

对于已掩埋尸体的检验,首先应验看坟堆是在谁家的地上,地名叫什么。一个坟堆,量出其长、宽、高,并记录各个尺寸,如果尸体停枢待葬则要查明是在谁家的房屋里,也像前文所述那样一一测量记录。

次看尸头脚所向,谓如头东脚西之类。头离某处若干,脚离某处若干。左右亦如之。对众爬开浮土①,或取去攒砖,看其尸用何物盛簟。谓棺木②,有无漆饰;席,有无沿缘及菱簟之类③。异出,开拆取尸,于光明处地上验之。

【注释】

①对众:在众人面前,当众。

②谓:抬尸、看坟中物品、打开棺木或包裹尸体的席子等时,应先由行人"喝报",再由检验官员逐一核定,这里"谓"即指"喝报"。

③沿缘:席子的边沿装饰。缘,边沿。菱(fèi):粗竹席。

【译文】

其次根据坟的位置看尸体的头脚朝向,喝报如头朝东脚朝西之类。头距离某个标志处有多远,脚距离某个标志处有多远。尸体左右两侧也一样测量记录。然后当众挖开浮土,或搬去殡葬时放的砖块,看尸体是用何物包裹的。喝报如果是棺材,有没有油漆或纹饰;如果是席子,有没有边沿装饰及编织的粗细情况。抬出,打开棺材或席子取出尸体,在光线好的地方检验尸体。

十四　验坏烂尸

【题解】

"坏烂尸"实际上就是法医学上所说的高度腐败的尸体。这种尸体的检验显然要比一般尸体的检验难得多。宋慈要求,检验官员要不怕脏不怕臭、亲临现场检验,否则就容易办错案子。当然,对这类尸体的检验,宋慈也提出了一些保护和防范措施。比如,"检验时,要多烧些苍术、皂角来除去秽气。用麻油涂鼻,或把纸卷成筒蘸油塞两鼻孔,再用生姜小块放入口内。口闭住,防止臭气进入""用水冲洗尸体,洗下蛆虫、脏物,待皮肉干净后进行检验"等。同时,他还对腐烂尸体的损伤的鉴别进行了描述:"腐烂尸体上生前被打伤的,皮下出血透过皮肤呈现红色,皮下血肿、深部肌肉出血透过皮肤呈现紫黑色,紧贴骨头的地方有出血并不腐烂,蛆虫也无法破坏。"

这里所讲的一些保护和防范措施,虽然与现在尸体检验的防护措施有别,但其防范意识相同。然而,如前所述,现代法医学上检验任何尸体时,首先要在没有经过处理或清洗时对"原样"进行拍照,保全有关证据,提取相关物证。否则,有些证据和物证就会遗失,不能弥补。这是我们在实际工作中必须要注意的。

若避臭秽,不亲临,往往误事。

【译文】

检验腐烂尸体时检验官员如果怕脏怕臭,不亲临现场进行检验,往往会办错案子。

尸首变动,臭不可近,当烧苍术、皂角辟之[①]。用麻油涂鼻,或作纸摅子揾油塞两鼻孔[②],仍以生姜小块置口内。遇检,切用猛闭口,恐秽气冲入。量劄四至讫,用水冲去蛆虫秽污,皮肉干净,方可验。未须用糟醋,频令新汲水浇尸首四面。

【注释】

①辟:除去,消除。

②纸摅(shū)子:似即纸捻子,用纸搓在一起制成的东西。揾(wèn):浸入,浸没。

【译文】

尸体腐烂后,臭气难闻使人无法接近,检验时要多烧些苍术、皂角来除去秽气。用麻油涂鼻,或把纸搓在一起蘸油塞入两鼻孔,再将小块生姜放在嘴里。检验时,务必用力闭口,以防止臭气进入。测量尸体周围四面接界情况完毕后,用水冲去尸体上的蛆虫、污物,待皮肉干净后,进行检验。腐烂尸体不宜使用酒糟和醋,应使用刚打来的净水反复冲洗尸体。

尸首坏烂,被打或刃伤处痕损,皮肉作赤色[1],深重作青黑色[2],贴骨不坏,虫不能食[3]。

【注释】

[1]皮肉作赤色:这里指皮下出血透过皮肤呈现红色。

[2]深重作青黑色:这里指皮下血肿、深部肌肉出血透过皮肤呈现紫黑色。

[3]贴骨不坏,虫不能食:紧贴骨头的地方并不腐烂,蛆虫也无法破坏。

【译文】

腐烂的尸体上,生前被打或由利器致伤的,皮下出血透过皮肤呈现红色,皮下血肿、深部肌肉出血透过皮肤呈现紫黑色,紧贴骨头的地方有出血并不腐烂,蛆虫也无法破坏。

十五　无凭检验

【题解】

无凭检验,即无从检验的尸体,是指从"头发脱落,鬓角处、头面部、全身上下的皮肉完全发黑,皮肉凸起腐烂,并且被蛆虫咬破,尸骨已显露"到"骸骨显露,全身上下严重腐烂,只有一些残留的肌腱与骸骨相连"这样的尸体。对于这样确实无从检验的尸体,其生前有无损伤及成因,年龄、相貌、死因等推断均无依据。

这与今天所说的尸体白骨化相似,但又不完全相同。因为白骨化是指尸体的软组织经腐败后完全溶解消失,毛发、指(趾)甲脱落,最后仅剩下骨骼。而本书中的无从检验的尸体,虽然严重腐烂、骸骨显露,但还有一些残留的肌腱与骸骨相连,这仅是接近白骨化,还没有完全形成白骨化;而"皮肉凸起腐烂,被蛆虫咬破"的尸体则是属于严重腐败的尸体,与尸体白骨化有程度上的差别。

这样的"无从检验的尸体",看起来没有检验的意义、检验的必要性和可能性,但实际上,按现代法医学的观点,仍还有检验之必要,也具有一定的法医学意义,有时甚至是很重要的意义。正如宋慈所写,"用手捏全身骨头也无折断的痕迹",说明他早已注意到检查骨骼的重要性,这正是宋慈的高明之处。

现代法医学认为,白骨化的尸体检验至少有以下几点法医学意义。

1.白骨化虽可破坏尸体软组织和器官的病变与损伤,但尸体上的损伤痕迹有些可长期保存。有些案件,特别是机械性损伤案例,如被人用刀劈、斧砍致死者,虽然因腐败或白骨化,其尸体的软组织和内部器官组织上面的损伤痕迹已不存在,但如伤及骨骼,形成伤痕或骨折,甚至留下嵌入的砍刀之残片,则能在骨骼上反映出来,这类伤痕可与骨骼同时存在。此类案例在今天仍然时有所遇。

2.某些毒物,如重金属毒物,可在骨髓或骨质内长久保存,故骨骼仍可作为这些毒物中毒的化验检材。

3.死后白骨化时间不长的骨髓可用于硅藻检查。

4.骨骼在个人识别方面具有重要意义。根据骨骼的结构特征,可推测死者的性别、年龄和种族。

　　凡检验无凭之尸,宜说头发褪落[①],曲鬓、头面、遍身皮肉[②],并皆一概青黑,豉皮坏烂[③],及被蛆虫咂破,骨殖显露去处。

【注释】

①褪落:脱落。

②曲鬓:鬓角处。

③骶(tà)皮:皮凸起。

【译文】

检验无从检验的尸体,应该写头发脱落,鬓角处、头面部、全身上下皮肉,都完全发黑,皮肉凸起腐烂,并且被蛆虫咬破,骸骨已经显露。

　如皮肉消化①,宜说骸骨显露②,上下皮肉并皆一概消化,只有些小消化不及③,筋肉与骨殖相连。今来委是无凭检复,本人生前沿身上下有无伤损它故,及定夺年颜、形状、致死因依不得④。兼用手揣捏得沿身上下,并无骨损去处。

【注释】

①皮肉消化:尸体完全腐烂。

②骸骨:尸骨。

③些小:少许。

④定夺:决定,确定。

【译文】

如果皮肉完全腐烂,应该写骸骨已经露出来,全身上下严重腐烂,只有少许组织没有完全腐烂消失,一些残留的肌腱与骸骨相连。这样的情况确实属于无从检验的尸体,其生前有无损伤或疾病,年龄、相貌、死因等推断均无依据。同时用手摸捏过全身骨头,也无折断之处。

十六　白僵死、瘁死

【题解】

白僵死即白僵尸。古人把经久不烂的尸体称为僵尸,并将僵尸分为红、黑、白三种。红僵尸面色、皮肉红活,伤痕可辩;黑僵尸周身灰暗,皮肉干瘪，伤痕难辩；白僵尸白中带黄，有时经检验伤痕可辩。实际上，这些"经久不烂尸体"与现代法医学的晚期死后变化中的几种保存型尸体基本一致。

瘁（cuì），病困。瘁死即瘁尸，是指生前久病消瘦而死的干瘪尸体。这里的"瘁死"之尸体与今天所说的猝死尸体不同。现代法医病理学上将因病死亡者大致分为两类。一类是真正意义上的猝死，是指因患潜在的疾病或功能障碍在有或没有诱因作用下发生的急速、意外的死亡，从发病到死亡的时间在24小时内。有些病例死亡发生得非常快，法医病理学上把那些发病后在几十秒内死亡的称为即时死。另一类是从发病至死亡的时间超过24小时的，有的几个月，甚至几年的都归为一般意义上的病死，其中部分病例死后的尸体就属于宋慈在这里所讲的久病之后死亡的干瘪尸体。

本节对这些尸体的检验论述不多，主要讲的是把"僵尸"变软和使伤痕显现的古老方法。这些方法现在已基本不用。尽管如此，也不能否定其在当时的历史作用。

先铺炭火，约与死人长阔，上铺薄布，可与炭等，以水喷微湿，卧尸于上。仍以布覆盖头面、肢体讫，再用炭火铺拥令遍，再以布覆之，复用水遍洒。一时久[1]，其尸皮肉必软起。乃揭所铺布与炭看，若皮肉软起，方可以热醋洗之。于验损处，以葱、椒、盐同白梅和糟研烂，拍作饼子，火内煨令热，先于尸上用纸搭了，次之糟饼罨之，其痕损必见。

【注释】

①一时：一个时辰。

【译文】

　　检验经久不烂尸体和久病干瘪尸体的方法是先在地上铺一层热炭灰，大约与尸体的长宽大小差不多，在热炭灰上铺一层薄布，大小与热炭灰相当，把水洒在布上令其微微湿润，然后把尸体抬放在布上。用布盖住尸体的头面部、身体四肢后，再用热炭灰覆盖完全，又用布盖在上面，再次洒水。一个时辰过后，尸体的皮肉必然变软。揭开覆盖用的布和炭灰观察，如果皮肉变软了，就可以用热醋洗尸。在需要查验伤痕的地方，用葱、椒、盐、白梅和酒糟捣烂，做成糟饼，在火上将其烤热，先在尸体上垫一层纸，再把热的糟饼敷上，尸体上的伤痕就显现出来了。

卷之三

十七 验骨

【题解】

本节与下一节中关于骨的描述，与现代解剖学上有关骨骼的内容大致相同，可以说是解剖学的雏形。这里的"验骨"与现代法医尸体解剖时的"验骨"明显不同。前者是在没有进行尸体解剖的前提下，检验人死后因尸体腐败剩下的骨骼；后者则是在进行尸体解剖时对骨的检验（包括对尸体白骨化的检验）。尽管如此，文中对骨的描写已较详细、具体，说明当时对骨骼已有很深刻的认识。由于时代和科学技术水平的局限，文中对骨的一些描述和数字与实际不符，与现代解剖学上关于骨的描述存在明显的差异。例如，现代解剖学上讲人体骨的总数是206块，而本节写的是365块，这可能与古人"天人合一"的思想有关。再如有关骨的颜色的描述：人死后尸体腐烂，检查时可见男人的骨头是白的，而女人的骨头是黑的（女人生前行月经，出血像流水一样，血渗入骨，骨呈黑色）。实际上，就男、女性别来说，骨的颜色是没有这样的差别或这么大的差别的，也缺乏科学依据。

人有三百六十五节①，按一年三百六十五日。

男子骨白，妇人骨黑②。妇人生前出血如河水，故骨黑。如被毒药骨黑，须仔细详定。

【注释】

①人有三百六十五节：根据现代解剖学的研究，人体骨共206块，男女一样。

②男子骨白，妇人骨黑：此描述与现代法医学研究不符。这些记载可能受《内经》影响。

【译文】

人体有三百六十五块骨头，依照一年有三百六十五天。

男人的骨头是白的，女人骨头是黑的。女人生前行月经，出血像流水一样，血渗入骨而使骨呈黑色。服毒而死的人骨头颜色发黑，应注意鉴别。

髑髅骨①：男子自顶及耳并脑后共八片，蔡州人有九片②。脑后横一缝，当正直下至发际，别有一直缝；妇人只六片，脑后横一缝，当正直下无缝③。

牙有二十四，或二十八，或三十二，或三十六④。

【注释】

①髑髅（dú lóu）骨：颅骨。

②蔡州人：指金人。南宋后期金人曾定都蔡州（今河南汝阳）。

③妇人只六片，脑后横一缝，当正直下无缝：此说法不妥，男女一致。

④"牙有二十四"几句：正常应为三十二枚。

【译文】

颅骨：男人从顶骨到耳部和后脑共八块骨，蔡州人有九块。脑后有一条横缝，从这条缝的中点往下至发际，又有一条直缝。女人的头骨只有六块，脑后有一条横缝，但没有当中直下的直缝。

牙齿的多寡在个体上有所不同，有的二十四枚，有的二十八枚，有的三十二枚，有的三十六枚。

胸前骨三条[①]。

心骨一片[②]，嫩，如钱大。

【注释】

①胸前骨三条：指胸骨柄、胸骨体和剑突三者合称胸骨。

②心骨：指剑突。

【译文】

胸前骨有三块。

心窝骨一块，柔软，只有铜钱那么大。

项与脊骨各十二节[①]。

自项至腰共二十四椎骨，上有一大椎骨[②]。

【注释】

①项与脊骨各十二节：根据现代解剖学研究，颈椎7块、胸椎12块、腰椎5块、骶椎1块。古人把颈椎7块加胸上段胸椎5块归为"项骨"十二节，而把另外胸下段胸椎7块加腰椎5块归为"脊骨"十二节，共二十四节，而把骶椎骨称"尾蛆骨"。

②上有一大椎骨：大椎骨指第一颈椎，又称"寰椎"。

【译文】

项骨和脊骨各有十二节。

从项部到腰部共有二十四块脊椎骨，最上的一块叫大椎骨。

肩井及左右饭匙骨各一片^①。

左右肋骨，男子各十二条，八条长，四条短；妇人各十四条^②。

男女腰间各有一骨，大如手掌，有八孔，作四行。样 。

【注释】

①肩井及左右饭匙骨各一片："肩井骨"和"饭匙骨"二者实际上是一骨的两个部位名称，这个骨现在称为"肩胛骨"。

②"左右肋骨"几句：此说法与实际不符。男女一样，左右各12根肋骨。

【译文】

左右肩井骨和饭匙骨各一块。

左右肋骨，男人两边各十二根，其中八根长，四根短。女人两边则各有十四根。

男人和女人的腰部各有一块骨头，大小与手掌差不多，上面有八个孔，分成四排。状如 。

手脚骨各二段，男子左右手腕及左右臁肕骨边，皆有捼骨；妇人无^①。两脚膝头各有顿骨^②，隐在其间，如大指大；手掌、脚板各五缝，手脚大拇指并脚第五指各二节^③，余十四指并三节。

【注释】

①男子左右手腕及左右臁肕骨边，皆有捼骨；妇人无：男人左右手腕

旁有尺骨,左右胫骨旁有腓骨(女人没有。)这里的"捵骨"指手前臂的尺骨和小腿的腓骨。根据现代解剖学研究,男女一样都有尺骨和腓骨。

②顿骨:不确定具体指何骨。可能指髌骨或半月板。

③手脚大拇指并脚第五指各二节:脚第五趾有三节,而不是二节。

【译文】

手骨和脚骨各有两节,男人左右手腕旁有尺骨,左右胫骨旁有腓骨;女人没有。两边膝盖骨处各有一块骨头,隐藏在膝盖中间,有拇指大小;手掌和脚掌各有五根骨,手、脚的大拇指(趾)和脚的小趾各有二节,其余的十四根指(趾)为三节。

尾蛆骨若猪腰子①,仰在骨节下。

男子者其缀脊处凹,两边皆有尖瓣,如棱角,周布九窍。妇人者缀脊处平直,周布六窍。

大小便处各一窍②。

【注释】

①尾蛆骨:即骶椎骨。

②大小便处各一窍:对于骨骼而言,只有一个骨盆出口,而不是两个孔。

【译文】

尾蛆骨好像猪腰子一样,挂在脊椎的最下面。

男人的尾蛆骨和脊椎相连的地方稍凹,两边有尖瓣,如菱角,周围有九个小孔。女人的尾蛆骨和脊椎相连的地方稍直,周围有六个小孔。

大小便的地方各有一个洞孔。

　　骸骨各用麻草小索或细篾串讫，各以纸签标号某骨，检验时不至差误。

【译文】

　　把骸骨用麻绳或细篾逐一串起来，并标明是什么骨头，以免检验时弄错。

十八　论沿身骨脉及要害去处

【题解】

　　本节主要描写人体骨骼结构及其连接和关于骨的一些检验方法。其中，有关骨骼的构成和名称与现代解剖学上的描写基本吻合。不过只是些大概的描述，并未写得很详细，或者说没有进一步展开做更具体的描写。如股骨和胫骨，文中只是提及股骨和胫骨这两个名称而已，没有进一步讲述股骨和胫骨的具体解剖结构。

　　至于书中所讲的"滴骨验亲"的方法，这已涉及现代法医学中法医物证学的"亲子鉴定"的问题。虽然其原理并无科学依据，也曾受到过一些学者的批评；但其至少说明古代中国人已经意识到可以用血液做"亲权鉴定"。

　　这一节关于骨损伤的几种检验方法，均有一定的科学道理。如其中的"浓墨检查法"：用上好的墨磨得浓浓的，涂在需要检查的骸骨上，干后就用水冲。假如骨头上有损伤，则墨汁渗入；如果没有损伤，则墨汁不渗入。更难能可贵的是，宋慈在当时就运用骨头上有没有出血痕迹来鉴别生前伤和死后伤：如果骨头被打断了，则出血痕在骨折断端的两头看比较明显。如果放在阳光下照，呈鲜润的红色，则是生前被打。骨头上没有出血痕迹，只有骨头断裂的痕迹，则是死后造成的。这与现代法医学上以有无生活反应来鉴别生前伤和死后伤的原理完全一致。

夫人两手指甲相连者小节①,小节之后中节②,中节之后者本节③。本节之后肢骨之前生掌骨,掌骨上生掌肉,掌肉后可屈曲者腕。腕左起高骨者手外踝,右起高骨者右手踝④,二踝相连生者臂骨⑤,辅臂骨者骭骨⑥,三骨相继者肘骨⑦,前者屈曲者曲肘。曲肘上生者臑骨⑧,臑骨上生者肩髃⑨,肩髃之前者横髃骨⑩,横髃骨之前者髀骨⑪,髀骨之中陷者缺盆⑫。缺盆之上者颈,颈之前者颡喉⑬,颡喉之上者结喉⑭,结喉之上者胲⑮。胲两旁者曲颌⑯,曲颌两旁者颐⑰,颐两旁者颊车⑱。颊车上者耳,耳上者曲鬓⑲,曲鬓上行者顶,顶前者囟门。囟门之下者发际。发际正下者额。额下者眉,眉际之末者太阳穴。太阳穴前者目,目两旁者两小眦⑳,两小眦上者上睑㉑,下者下睑㉒,正位能瞻视者目瞳子㉓,瞳近鼻者两大眦㉔,近两大眦者鼻山根㉕。鼻山根上印堂,印堂上者脑角,脑角下者承枕骨。脊骨下横生者髋骨。髋骨两旁者钗骨㉖,钗骨下中者腰门骨㉗,钗骨上连生者腿骨㉘。腿骨下可屈曲者曲腘㉙,曲腘上生者膝盖骨。膝盖骨下生者胫骨,胫骨旁生者骺骨㉚。骺骨下左起高大者两足外踝,右起高大者两足右踝㉛。胫骨前垂者两足跗骨㉜,跗骨前者足本节㉝,本节前者小节㉞。小节相连者足指甲。指甲后生者足前跌㉟,跌后凹陷者足心,下生者足掌骨。掌骨后生者踵肉㊱,踵肉后者脚跟也。

【注释】

①小节:第三节指骨。

②中节：第二节指骨。

③本节：第一节指骨。

④腕左起高骨者手外踝，右起高骨者右手踝：手腕外侧高起的一块
　叫桡骨茎突，里面突起的叫尺骨小头。

⑤臂骨：这里指桡骨。

⑥髀（bì）骨：这里指尺骨。

⑦肘骨：古人误把肘关节三骨（肱骨远端和尺、桡骨近段）当作单独
　的肘骨。

⑧臑（nào）骨：肱骨。臑，人的上肢。

⑨肩髃（yú）：肩胛骨的喙突。

⑩横髃骨：肩胛冈。

⑪髀骨：这里指肩胛骨的背面。

⑫缺盆：锁骨。

⑬颡（sǎng）喉：喉结下方。

⑭结喉：男性在颈前突出的喉结。

⑮胲（hǎi）：下颌骨正中。

⑯曲颔（hàn）：下颌角。

⑰颐：下颌支。

⑱颊车：硬腭。

⑲曲鬓：颞骨。

⑳小眦：外眦。

㉑上睑：上眼睑。

㉒下睑：下眼睑。

㉓瞳子：瞳孔。

㉔大眦：内眦。

㉕鼻山根：又称鼻梁，即鼻骨。

㉖钗骨：髂骨。

㉗腰门骨：骶骨组成的骶椎。

㉘腿骨：股骨。

㉙曲䐐（qiū）：腘窝。

㉚骱（héng）骨：腓骨。

㉛骱骨下左起高大者两足外踝，右起高大者两足右踝：内踝为胫骨粗隆，外踝为腓骨粗隆，此处说法不准确。

㉜跂骨：跗骨。

㉝足本节：第一节趾骨。

㉞小节：末节趾骨。

㉟趺（fū）：足背。

㊱掌骨：跖骨，类似手的掌骨。踵肉：足后跟。

【译文】

人的两手前端带指甲的那一段称为手第三节指骨，再往近端是第二节指骨，再往近端是第一节指骨。第一节指骨后和腕骨前是掌骨，掌骨上附着诸多掌肌，其后是可弯曲的手腕。手腕外侧高起的一块叫桡骨茎突，内侧突起的称为尺骨小头，前臂骨称为桡骨，辅助桡骨的称为尺骨，挨着这三骨连接前臂与上臂的是肘部，肘前面可弯曲的部分叫曲肘。曲肘上部是肱骨，肱骨上面是肩胛骨（喙突），相连的是肩胛冈，肩胛冈与肩胛骨的背面相连，肩胛骨的背面中间是锁骨。锁骨的上方是颈部，颈的前面有喉结，喉结下方是嗓喉，喉结上方是下颌骨中段。其两侧是下颌角，下颌角两侧是下颌支。下颌支上面是耳朵，耳朵的上面是颞骨，颞骨的上面是顶骨，顶骨前面是囟门。囟门的前下部是发际。发际之下是额骨。额下面是眉际，眉际外侧是太阳穴。太阳穴前面是眼睛，眼睛外侧是外眦，外眦上面是上眼睑，下面是下眼睑，正中能视物的是瞳孔，瞳孔内侧靠近鼻子的方向是两内眦，两内眦之间是鼻骨。鼻骨上方是印堂，印堂上方两侧角是脑角，脑角下方是枕骨。脊椎骨下面横着生长的是髋骨。髋骨两边是髂骨，正中是骶椎，下面连着股骨。股骨下面是可屈曲的腘窝,腘窝前方是膝盖骨。膝盖骨下面是胫骨,胫骨旁边是腓骨。腓骨下面外侧高起的是两足外踝,内侧高起的是两足内踝。胫骨前面垂下的是跗骨,跗骨前面是足第一节趾骨,其前面是末节趾骨。与末节趾骨相连的是趾甲。趾的后面是足背,足背下面是足弓,其下是足掌骨。跖骨后面是足后跟,跟的后面是跟结节。

　　检滴骨亲法[①],谓如某甲是父或母,有骸骨在,某乙来认亲生男或女,何以验之? 试令某乙就身刺一两点血,滴骸骨上,是亲生则血沁入骨内,否则不入。俗云滴骨亲,盖谓此也。

【注释】

①检滴骨亲法:古时检验亲生关系时用父母兄弟的血滴入骸骨,以渗入与否为标准,渗者为亲生关系,否则不是。滴骨验亲法的实例最早见于三国时期的记载:"陈业之兄渡海身亡,同时死者五十余人。尸体腐烂无法辨认。陈业想起民间传说的滴骨验亲法,便割臂血于骨上,果然在一只骸骨上血液沁入,于是认尸。"这一方法的科学性遭现代法医学家质疑。1933年,我国现代法医学奠基人林几(1897—1951)就撰文对此法提出批评,但也认为中国人知道以血液鉴定亲权要比欧美早一千四百年。

【译文】

　　关于滴骨验亲的方法,例如某甲是父亲或母亲,死后骸骨仍在,某乙自认是某甲的亲生子女,如何鉴定? 可以这样做:从某乙身上刺取一两滴血,滴在骸骨上,如果是某甲的亲生子女,血就会沁入骨里,否则不会。民间俗称的"滴骨验亲",就是这样的。

检骨须是晴明。先以水净洗骨，用麻穿定形骸次第，以篦子盛定。却锄开地窖一穴，长五尺、阔三尺、深二尺，多以柴炭烧煅，以地红为度。除去火，却以好酒二升、酸醋五升泼地窖内，乘热气扛骨入穴内，以藁荐遮定①，烝骨一两时②。候地冷取去荐，扛出骨殖，向平明处将红油伞遮尸骨验。若骨上有被打处，即有红色路微荫③，骨断处其接续两头各有血晕色④，再以有痕骨照日看，红活⑤，乃是生前被打分明。骨上若无血荫，纵有损折，乃死后痕。切不可以酒醋煮骨，恐有不便处。此项须是晴明方可，阴雨则难见也。如阴雨，不得已则用煮法。以瓮一口，如锅煮物，以炭火煮醋，多入盐、白梅同骨煎，须着亲临监视，候千百滚取出，水洗，向日照，其痕即见。血皆浸骨损处，赤色、黑青色，仍仔细验，有无破裂。

【注释】

①藁（gǎo）荐：草垫子，草席子。

②烝（zhēng）骨：这里指把骨放入蒸气里。烝，熏蒸。

③红色路微荫：模糊的红色出血斑。这一观察是在赤油伞下看到的现象。宋沈括《梦溪笔谈》中记载了一个案例："太常博士李处厚处理一桩殴人致死案。糟醋灰汤等覆于尸体未见伤痕。有一老者求见说：'我是县里老书吏，知道这里验伤未查出伤痕。这事好办，可用新赤油伞照定尸体，于日中验之，并以水沃其尸，痕迹必见。'处厚根据这一方法检验，果然查出伤痕。"宋慈将这一方法用于检验，并记录在《洗冤集录》中。

④血晕：类似血荫。馆本《洗冤录》说："凡伤以荫、晕为主，荫之为

形，要皆自近而远，由深渐浅，自浓及淡，而将尽之处，又皆如云霞，如雨脚，如晴云之若有若无，可望而不可及，鲜润淡宕，要自然之气所致，故其色活，此为检伤纲领。如红自红，紫自紫，呆板积于一处，荫脚全无，则为伪也。"1934年，我国现代法医学奠基人林几教授撰文《骨质血荫之价值在紫外线下之现象》，通过科学实验证实其存在及其现代科学研究价值。晕，指色彩从中心向四周扩散开去。

⑤红活：这里指呈鲜红色。活，鲜活。

【译文】

检验骸骨必须选择晴朗的天气。先用水把骸骨洗干净，再用麻绳按人体结构把骨串好，放在竹席上装好。接着在地上挖一个坑，长五尺、宽三尺、深二尺，用大量柴、炭在坑里烧，以烧到表土发红为标准。去除火，再用二升好酒、五升酸醋泼到坑里，趁着热气把骸骨抬入，用草席子紧紧盖住，蒸骨一二个时辰。等地皮冷却后翻开席子，抬出骸骨，对着阳光用红油伞遮住骸骨检验。如果骨头上有被打的地方，就会显露出淡红色的出血痕迹，被打断的骨头处其出血痕在骨折断端的两头看比较明显，如果再放在阳光下照，呈鲜润红色的，可以确定是生前被打。骨头上如果没有出血痕迹，则即使有骨头断裂的损伤，也是死后造成的。千万不要用酒醋去煮这样的骸骨，以防煮后不便检验。骸骨检验必须在晴朗天气进行，阴雨天是很难见到痕迹的。如果连日阴雨，不得已才用煮骨法。用一个瓮，像用锅煮东西那样，用炭火煮醋，多加盐、白梅和骨头一起煮，应由检验官亲临监视，等千百滚后取出骨头，用水洗干净，对着太阳看，出血的痕迹就显露出来了。损伤的地方由于血液渗入，呈现暗红色、青黑色，仔细检验，确定有无骨折。

　　煮骨不得见锡，用则骨多黯①。若有人作弊，将药物置锅内，其骨有伤处反白不见。解法见《验尸》门。

【注释】

①煮骨不得见锡，用则骨多黯：锡会与尸骨中的硫反应生成硫化锡，
　从而使骨变黑。

【译文】

煮骨不能用锡器，用锡器煮骨会使骨头变黑。假若有人作弊，在锅
里下药，则会使骨头有伤的地方变白而看不出来。解除这种药的方法见《验
尸》篇。

若骨或经三两次洗罨，其色白与无损同，何以辨之？当
将合验损处骨以油灌之，其骨大者有缝，小者有窍，候油溢出
则揩令干①，向明照损处，油到即停住不行，明亮处则无损。

【注释】

①揩（kāi）：擦拭。

【译文】

如果骸骨经过二三次洗罨处理后，有损伤处和无损伤处一样白，如
何鉴别？可以把需要检验的有损伤的骨头用油慢慢灌入。凡是骨头大
的有缝，小的有孔，等油灌满后用布把溢出的油擦干，到明亮的地方去照
骨头的损伤处，油流到那里就会停止不动呈现明显的黑影子，骨头上明
亮的地方则说明没有损伤。

一法，浓磨好墨涂骨上，候干，即洗去墨。若有损处，则
墨必浸入，不损则墨不浸①。

又法，用新绵于骨上拂拭，遇损处必牵惹绵丝起。折
者，其色在骨断处两头②。又看折处，其骨芒刺向里或外，殴
打折者，芒刺在里，在外者非。

【注释】

①墨不浸：墨汁不能渗入。

②色在骨断处两头：指出血痕在骨折断端的两头看很明显。

【译文】

另一种方法是：将上好的墨磨得浓浓的涂在需要检查的骸骨上，等待墨干，就用水冲掉墨。假如骨头上有损伤，则墨汁必然会渗入；没有损伤则墨汁不会渗入。

又一种方法是：用新丝绵在需要检验的骸骨上擦拭，遇到有损伤的地方必定会牵扯起绵丝来。骨头折断的地方，血痕颜色在折断处两头看很明显。再看折断处，这里的芒刺是向里的还是向外的，凡是被殴打断的骨头，芒刺必然向里，如果芒刺向外就不是被打断的。

髑髅骨有他故处，骨青，骨折处带淤血。

仔细看骨上有青晕或紫黑晕①，长是他物，圆是拳，大是头撞，小是脚尖②。

四缝骸骨内一处有损折，系致命所在，或非要害，即令仵作、行人指定喝起。

【注释】

①青晕或紫黑晕：指伤痕色较浓而明显。

②脚尖：用脚尖踢。

【译文】

颅骨有损伤的地方，呈青紫色，颅骨破裂处会有淤血斑。

仔细检查骨头上的青斑或紫黑斑，长条形的是钝器打的，圆形的是拳头打的，大块的是用头撞的，小块的是用脚尖踢的。

全身骸骨上只要发现有伤痕，或是致命伤，或是非致命伤，都要让仵作、行人指出并喝报记录。

　　拥罨检讫，仵作、行人喝四缝骸骨，谓尸仰卧，自髑髅喝：顶心至囟门骨、鼻梁骨、頦颔骨并口骨并全；两眼眶、两额角、两太阳、两耳、两腮颊骨并全；两肩井、两臆骨全①；胸前龟子骨、心坎骨全②。

　　左臂、腕及髀骨全；左肋骨全；左胯、左腿、左臁肕、并髀骨及左脚踝骨、脚掌骨并全。右亦如之。

　　翻转喝：脑后乘枕骨、脊下至尾蛆骨并全。

【注释】

①两肩井：这里指两肩。两臆（yì）骨：这里指两锁骨。

②龟子骨：胸骨。心坎骨：胸骨剑突。

【译文】

　　用上述方法检验完毕，仵作、行人要喝报全身骸骨的检查情况，令尸骨仰卧位，从颅骨开始喝报：顶骨到囟门、鼻骨、下颌骨以及口腔部完整；两眼眶、两额角、两太阳穴、两耳、两颞骨完整；两肩、两锁骨完整，胸骨、胸骨剑突完整。

　　左臂的桡骨、尺骨，腕骨和掌骨完整；左肋骨完整；左髂骨、左大腿、左小腿、以及左腿的股骨、胫骨、腓骨至左踝、跖骨完整。右侧一样喝报。

　　背后检查后喝报：脑后部的枕骨、脊椎往下直至骶椎完整。

　　凡验原被伤杀死人，经日尸首坏，蛆虫咂食，只存骸骨者，原被伤痕，血粘骨上，有干黑血为证。若无伤骨损，其骨上有破损，如头发露痕，又如瓦器龟裂，沉淹损路①，为验。

殴死者，死伤处不至骨损，则肉紧贴在骨上，用水冲激亦不去②，指甲蹙之方脱③，肉贴处其痕损即可见。

【注释】

①沉淹：隐没。损路：伤痕。

②用水冲激：用流速快的水来冲。

③蹙（cù）：这里指用指甲刮擦。

【译文】

凡是检验被人杀伤而死的骸骨，时隔多日尸体腐烂，蛆虫吸食破坏，只存遗骸白骨化的，原来的受伤部位，出血斑沉积在骨上，有干黑的血痕可以作为证据。如果没有上述情况，骨头上有破裂的痕迹，细得像头发丝，或者像陶器上的裂纹，这些隐没的伤痕，也是生前伤的证明。

被殴打致死的，即使致命要害部位的骨头还没有破裂，受伤部位的肌肉也会出血并紧紧地贴在骨头表面，就是用流速快的水去冲也冲不掉，用指甲去剔刮才会脱落，肌肉贴紧处骨头上的伤痕清晰可见。

验骨讫，自髑髅、肩井、臆骨，并臂、腕、手骨，及胯骨、腰腿骨，臁胁、膝盖并髀骨，并标号左右。其肋骨共二十四茎①，左右各十二茎，分左右，系：左第一、左第二、右第一、右第二之类。茎茎依资次题讫②。内脊骨二十四节，亦自上题一、二、三、四，连尾蛆骨处号之；并胸前龟子骨、心坎骨亦号之，庶易于检凑。两肩、两胯、两腕皆有盖骨，寻常不系在骨之数，经打伤损，方入众骨系数，不若拘收在数为良也。先用纸数重包定，次用油单纸三四重裹了，用索子交眼扎系作三四处③，封头印押讫，用桶一只盛之，上以板盖，掘坑埋瘗,作堆标记,仍用灰印。

【注释】

①茎:量词,用于称长条形的东西。

②依资次:这里指依据前文所说的顺序。

③索子:绳子。

【译文】

骸骨检验完毕,从颅骨、肩胛骨、锁骨,连同臂骨、腕骨、手骨,以及髂骨、股骨、胫骨、膝盖骨和腓骨,分别按左右顺序标明名称。肋骨一共有二十四根,左右各十二根,要分出左右,如:左第一肋、左第二肋、右第一肋、右第二肋等。每一根都按这样的方式标清楚。脊椎骨有二十四节,也从上到下按照一、二、三、四的顺序编号,连同骶椎一一标明;胸前的胸骨、胸骨剑突也要标明,这样既便于查点也便于复原。两肩、两胯、两腕处均有盖骨,通常不计入骨头的总数中,如果其有损伤,则计入骨头的总数,不如规定将其计入总数更好些。标记清楚后先用几层纸把骨头包起来,再用油纸包三四层,用绳子交叉几道扎好,盖印封存,用一只桶装好,上面用盖子盖好,挖坑掩埋,其上以土堆作为标记,四周仍然要洒上石灰作印记。

行在有一种毒草名曰贱草①,煎作膏子售人,若以染骨,其色必变黑黯,粗可乱真②。然被打若在生前,打处自有晕痕③;如无晕而骨不损,即不可指以为痕,切须仔细辨别真伪。

【注释】

①行在:也称行在所,天子巡行所到之地,这里指杭州。北宋被金所灭,宋都由汴梁(今河南开封)迁到临安(今浙江杭州),史称南

宋。南宋不愿称临安为"都",而称"行在"。

②粗可乱真:古人把内行、精专叫"细"。把外行、粗浅叫"粗"。这里指外行人看不出真伪。

③晕痕:出血的痕迹。

【译文】

杭州有一种毒草叫贱草,有人把它制成膏子出售,如果用它给骨头染色,骨头就会变黑,外行人看不出真伪会以为是伤痕。然而被打的情况如果发生在生前,那么被打的地方自然会有出血斑;如果只有乌黑的颜色而没有出血痕迹和骨折,就不能随便定作伤痕,一定要小心分辨真假。

十九　自缢

【题解】

按现代法医病理学的观点和分类,本书第十九节至第二十一节,加上后面的第三十六节的内容,相当于现在的机械性窒息死范畴的尸体检验。引起死亡的机械性窒息主要有:缢死、勒死、扼死、捂死、哽死、溺死及性窒息等。本节的题目是"自缢",即自己上吊,其内容写得非常全面、仔细:从案情调查,到现场勘查;从全身各部位的大体检查,到颈部索沟的具体检验等。除去尸体解剖和病理切片检查外,其与今天对缢死尸体外表的大体检验几乎一致,如缢死的几种体位,颈部绳套的位置与舌头是否外露的关系,影响索沟深浅的几个因素,对颈部两道索沟的分析,有关移尸的检查和判断,以及现场勘查的主要内容等。本节最后还提及"上吊死而很久未被人发现的尸体严重腐烂后,头挂在高处,躯干部侧倒在地上,皮肉腐烂而露出白骨",对于这样的尸体,检验"颈部绳索嵌进皮肉像一道沟槽(两耳后连同下巴处形成的沟槽深及骨头)"。这种现象在今天的法医学教科书中未见描述,可能与现在这种现象很少见有关。

自缢身死者，两眼合，唇口黑^①，皮开露齿。若勒喉上即口闭，牙关紧，舌抵齿不出。又云齿微咬舌。若勒喉下则口开，舌尖出齿门二分至三分。面带紫赤色^②，口吻两角及胸前有吐涎沫^③，两手须握大拇指，两脚尖直垂下。腿上有血荫，如火灸斑痕，及肚下至小腹并坠下青黑色^④。大小便自出^⑤，大肠头或有一两点血^⑥。喉下痕紫赤色，或黑淤色，直至左右耳后发际，横长九寸以上至一尺以来。一云丈夫合一尺一寸，妇人合一尺。脚虚，则喉下勒深；实，则浅。人肥则勒深；瘦则浅。用细紧麻绳、草索在高处自缢，悬头顿身致死则痕迹深；若用全幅勒帛及白练项帕等物^⑦，又在低处则痕迹浅。低处自缢，身多卧于下，或侧，或覆。侧卧，其痕斜起横喉下；覆卧^⑧，其痕正起在喉下，止于耳边，多不至脑后发际下。

【注释】

①唇口黑：即口周、口唇淤血呈紫色，发绀。一般来说，典型缢死者因两侧颈动、静脉受压而颜面苍白或呈铅灰色，非典型缢死者则因颈静脉受压以致颜面青紫肿胀，唇口发绀。

②面带紫赤色：非典型缢死表现。

③口吻两角及胸前有吐涎沫：这里指唾液从口角流下挂于胸前。这是缢死的特征之一，也称"涕涎流注现象"。口吻，即口唇。两角，两侧角。及，到。吐，流。涎沫，唾液。

④腿上有血荫，如火灸斑痕，及肚下至小腹并坠下青黑色：这里指上吊尸体大腿和下腹部的尸斑坠积。

⑤大小便自出：缢死尸体可有大小便向下流注现象，男子有精液排

出，女子在月经期裤子可被血染。

⑥大肠头：近肛门的直肠。这里指肛门口有血少许。

⑦全幅勒帛及白练项帕等物：在缢死中，宽幅的帛、帕等可能使颈部索沟不明显。所谓"索沟"指绳索压迫颈部留下的印痕。

⑧覆卧：俯卧。

【译文】

上吊自杀死亡的，两眼闭合，嘴唇发绀，口张开、齿露出。如果缢绳收紧处在喉结上方则死者的嘴是闭着的，牙关紧闭，舌头抵齿而不露。或牙咬住一点舌尖。如果缢绳收紧处在喉结下方则嘴张开，舌头露出齿外二至三分。死者颜面青紫，有唾液从口角流下挂于胸前，两手握着拇指，两脚尖下垂指向地面。大腿上有浓重的尸斑，如同火灼，下腹部因下坠产生的尸斑呈青黑色。大小便流出，肛门口有血少许。颈部索沟呈紫色，或黑淤色，一直延伸到左右耳后的发际，索沟长九寸到一尺多些。有人说男人一尺一寸，女人一尺。如果死者双脚悬空，那么颈部的索沟就深；如果死者双脚不完全悬空，那么颈部的索沟就浅。肥胖的人索沟深；消瘦的人索沟浅。用细的麻绳、草绳吊在高处自杀，身体悬空致死的索沟就深；用全幅绸缎或白色熟绢项上罗帕等上吊，且悬挂在低处的索沟就浅。在低处上吊自杀，身体多半躺着，有的侧卧，有的俯卧。侧卧的，其索沟在颈部斜行；俯卧的，索沟两侧对称地起始于颈部咽喉下，到耳后终止，一般不会到后枕部发际下。

自缢处须高八尺以上，两脚悬虚，所踏物须倍高如悬虚处。或在床、椅、火炉、船仓内①，但高二三尺以来，亦可自缢而死。

若经泥雨，须看死人赤脚或着鞋，其踏上有无印下脚迹②。

【注释】

①船仓：船舱。

②踏上：踏上物，如用凳、椅之类作为上吊时的垫脚。

【译文】

上吊自杀的吊处一般应离地面八尺以上，双脚悬空，上吊的垫脚物应比尸体脚尖离地面的距离高出一倍以上。在床栏、椅子、火炉上或船舱内，只要这些地方有二三尺高，也能吊死人。

如果死者曾在下雨时从泥泞处走过，则应验看死者是赤脚还是穿鞋，其使用的垫脚物上有无脚印。

自缢，有活套头、死套头、单系十字、缠绕系①。须看死人踏甚物入头在绳套内②，须垂得绳套宽入头方是。

活套头，脚到地并膝跪地亦可死。

死套头，脚到地并膝跪地亦可死。

单系十字，悬空方可死。脚尖稍到地亦不死。

【注释】

①系：打结。

②入头：上吊时头伸入绳套。

【译文】

上吊自杀，绳套有可滑动的活套头、不滑动的死套头、单系十字、缠绕系等数种打结方法。检验时应分析死者用何物作垫脚使头部伸进绳套，绳套悬垂的长度足够头部伸入的才是上吊自杀。

用活套头上吊，死者脚触地或跪地的也可完成自杀。

用死套头上吊，死者脚触地或跪地的也可完成自杀。

单系十字套头，人要悬空才能吊死。如果脚尖能触地则一般吊不死。

单系十字，是死人先自用绳带自系项上后，自以手系高处。须是先看上头系处尘土，及死人踏甚处物，自以手攀系得上向绳头着方是。上面系绳头处，或高或大，手不能攀，及不能上，则是别人吊起。更看所系处物伸缩，须是头坠下，去上头系处一尺以上，方是。若是头紧抵上头，定是别人吊起。

【译文】

单系十字套头，指死者自己先用绳子拴住自己的颈部，再把绳子的另一头用手系在高处。检验这种上吊情况时要看上头拴系处的灰尘，以及上吊时用的垫脚物，垫脚物要够高能攀得上去系绳才行。如果上面拴系绳子的地方，太高或太大，死者的手够不到，拴不上去，那就是被他人吊上去的。另外还要看所拴系绳子的伸缩情况，垂下的套子应离拴系处有一尺以上，才是自缢。如果套子紧紧抵住拴系处，则必定是被他人吊起来的。

缠绕系，是死人先将绳带缠绕项上两遭，自踏高系在上面，垂身致死。或是先系绳带在梁栋或树枝上，双褵垂下①，踏高入头在褵内，更缠过一两遭。其痕成两路：上一路缠过耳后，斜入发际；下一路平绕项行。吏畏避驳杂，必告检官，乞只申一痕②，切不可信。若除了上一痕，不成自缢；若除下一痕，正是致命要害去处。或复检官不肯相同，书填格目，血属有词，再差官复检出，为之奈何？须是据实，不可只作一条痕检。其相叠与分开处，作两截量，尽取头了，更重将所系处绳带缠过，比并阔狭并同，任从复检，可无后患。

【注释】

①襀（kuì）：用绳子、带子等拴成的结。

②申：申报，这里指只报告一条痕的意思。

【译文】

缠绕系，是指死者先用绳子在颈上缠绕两道，自己踩在垫脚物上将绳子拴系在高处，然后悬吊而死。另一种情况是死者先把绳子拴系在屋梁或树枝上，绳套垂下，踩上垫脚物之后把头伸进绳套，再在颈部缠绕一两道悬空吊死。缠绕系吊死的必然有两道索沟：上面的一道缠绕过耳后，斜向至发际就消失了；下面的一道平着缠绕颈部一圈。仵作和差役遇到这种情形时担心说不清楚，一定会请求检验官员，要求只申报为一道索沟，对于这种请求千万不可答应。如果除掉上一道索沟，就看不出自缢的特征而不能构成自缢；如果除掉下一道索沟，则其正是致命要害的所在。另外，如果复检官员不肯盲目同意只有一条索沟，而按照实际情况填写格目文件，死者家属有意见，申请再派出第三个检验官员发现真相，这又该怎么办？故而应根据实际情况填报，不能把两道索沟仅作一道索沟来检验。两道索沟重叠和分开的地方，要分别量好记下，把索沟处的绳子起讫处做好记号，再把这段绳子在颈部照原样缠绕，把实际检验的宽窄比对情况记录清楚，这样一来不管如何复检，都没有可担心的地方。

凡因患在床，仰卧将绳带等物自缢者，则其尸两眼合，两唇皮开，露齿，咬舌出一分至二分，肉色黄，形体瘦，两手拳握，臀后有粪出，左右手内多是把自缢物色至系紧，死后只在手内。须量两手拳相去几寸以来。喉下痕迹紫赤，周围长一尺余，结缔在喉下①，前面分数较深。曾被救解，则其尸肚胀，多口不咬舌，臀后无粪。

【注释】

①结缔:打结处。

【译文】

凡是患病在床,仰卧着用绳子等物品自缢身亡的,这样的尸体两眼闭合,嘴唇张开、露牙,舌头露出牙齿之外一到二分长,皮肤蜡黄,身体瘦弱,双手握拳,大便流出,左右两手把自缢用的带状物抓得紧紧的,死后仍握手中。检验时要记录两手握拳抓在绳上的长度。尸体颈部索沟呈紫红色,周长一尺多,打结处在喉部之下,前面的索沟比较深。曾经被救过的,则尸体腹部发胀,大多牙齿不咬舌头,肛门口无粪便流出。

若真自缢,开掘所缢脚下穴三尺以来,究得火炭,方是①。

或在屋下自缢,先看所缢处,楣、梁、枋、桁之类②,尘土滚乱至多,方是。如只有一路无尘,不是自缢。

先以杖子于所系绳索上轻轻敲,如紧直乃是;或宽慢即是移尸。大凡移尸别处吊挂,旧痕挪动,便有两痕。

【注释】

①若真自缢,开掘所缢脚下穴三尺以来,究得火炭,方是:如果说是"真自缢"的话,那么在死者脚下挖土三尺来深,就会看到木炭,推究确定这是死者自己埋下的,那么可以判断是上吊自杀无疑。在古代,按民俗习惯,棺木底下或周围放有木炭。这里所说的"究得火炭",意思是推究木炭的来源,推测真实情况是自杀者徘徊很久,最后埋下木炭,上吊自杀。这是在排除了他人所为的情况下得出的结论,有一定道理,但不要将其理解为自缢者脚下必有木炭,要根据民俗习惯、尸体检验、现场勘验及自杀心理等综合研究,做出判断。本段话要结合上下文进行分析,在《洗冤集录》

中还有类似的情况。

②楣：门和窗上的横木。梁：全屋支架的大横木。枋（fāng）：梁头方
　　木。桁（héng）：梁间横木。

【译文】

如果是"真的自缢"的话，那么在死者脚下挖土三尺来深，就会看到
木炭，推究确定这是死者自己埋下的，就是上吊自杀无疑。

如果是在室内上吊自杀的，要先检验上吊的地方，楣、梁、枋、桁等各
种横木，上面尘灰紊乱的，是上吊自杀的地点。如果只有一条没有尘灰
的痕迹，就不是上吊自杀。

检验是否为自缢时可用棍子在所系的绳子上轻轻敲打数下，如果绳
子很紧就是自缢；如果绳子松软就是转移过来的尸体。一般来说移动尸
体在他处悬挂的，旧有索沟因为移动而不与新索沟重合，于是颈部就会
出现两道索沟。

凡验自缢之尸，先要见得在甚地分①，甚街巷，甚人家，
何人见，本人自用甚物，于甚处搭过；或作十字死襻系定，或
于项下作活套。却验所着衣新旧，打量身四至，东、西、南、北
至甚物，面觑甚处②，背向甚处，其死人用甚物踏上，上量头悬
去所吊处相去若干尺寸，下量脚下至地相去若干尺寸；或所
缢处虽低，亦看头上悬挂索处，下至所离处，并量相去若干尺
寸。对众解下，扛尸于露明处，方解脱自缢套绳，通量长若干
尺寸，量围喉下套头绳围长若干，项下交围，量到耳后发际起
处，阔狭、横斜、长短，然后依法检验③。

【注释】

①地分：地段。

②面觑（qù）：面朝向。觑，看。

③依法：这里指依照尸体检验方法。

【译文】

关于自缢尸体的现场检验，应先查明吊在哪个地段，哪个街巷，哪户人家，谁先发现的，自杀者是使用什么样的带状物吊死的，吊在什么地方，要么是用十字死结系牢的，要么是在脖子下面系了活索套。检验死者衣服的新旧程度，观察尸体四面接靠的地方，东、西、南、北各有什么物体，脸朝向哪里，背朝向哪里，上吊时用何物垫脚，测量头部悬吊的地方距离带绳悬挂的地方尺寸是多少，测量脚尖距离地面的尺寸是多少；即使上吊地方很低，也要检查头上挂绳索的地方，脚下到离开地面的地方，并测量清楚这些距离。当着大家的面把尸体解下，抬到明亮露天处，才能解开上吊自杀用的绳套，量出绳子的全长，再看绕过喉部之下的套头绳的周长，颈部的索沟，量到耳后发际中索沟消失处为止，记录索沟的宽度、横斜情况、长短尺寸，做完这些之后按照尸体的检验常规进行检验。

凡验自缢人，先问原申人①，其身死人是何色目人②，见时早晚，曾与不曾解下救应，申官时早晚③，如有人识认，即问自缢人年若干，作何经纪④，家内有甚人，却因何在此间自缢。若是奴仆，先问雇主讨地契书辨验，仍看契上有无亲戚，年多少，更看原吊挂踪迹去处。如曾解下救应，即问解下时有气脉无气脉⑤，解下约多少时死，切须仔细。

【注释】

①原申人：最初的报案人。

②色目：身份。宋朝等级制度严格，不同身份、不同职业、社会地位的人都要区分开来，建立了各种"色目"，甚至从服饰上就能看出

某人的职业和地位。

③申官：报案。

④经纪：职业。

⑤有气脉无气脉：有无呼吸、脉搏。这里指是否还活着。

【译文】

　　关于上吊自杀尸体的检验，先问报案人，上吊的死者是什么身份，何时发现的尸体，有没有解开绳索放下来抢救，何时报案的，如果有人认识死者，应问死者多大年龄，以何为生，家里有什么人，为什么在这里上吊自杀。如果是奴仆，应先令雇主提供契书进行检查，查看契书上是否写有亲戚，年龄多少，再去验看尸体吊挂的位置和痕迹等。如果发现时曾解下来抢救过，应问解下时是否还有呼吸和脉搏，解下后多久死去的，这些情况一定要仔细询问和检查。

　　大凡检验，未可便作自缢致命，未辨仔细。凡有此，只可作其人生前用绳索系咽喉下或上要害，致命身死，以防死人别有枉横①。且如有人睡着，被人将索勒死，吊起所在，其检官如何见得是自缢致死？宜仔细也。

【注释】

①枉横：冤屈。

【译文】

　　检验吊死的尸体时，如果不是很有把握，就不要马上得出自缢死亡的结论。遇到这种情况时，只能说死者是在生前用绳子在喉结上或喉结下要害部位缢吊死亡的，以防死者有被人谋害的冤屈。例如有人睡着了，被人用绳子勒死，然后吊挂起来，检验官员如何能够断定就是上吊自杀呢？因此一定要仔细检验。

多有人家女使、人力，或外人于家中自缢，其人不晓法，避见臭秽及避检验，遂移尸出外吊挂，旧痕移动，致有两痕。旧痕紫赤有血荫，移动痕只白色无血荫。移尸事理甚分明，要公行根究^①，开坐生前与死后痕。盖移尸不过杖罪^②，若漏落不具，复检官不相照应，申作两痕，官司必反见疑，益重干连人之祸^③。

【注释】

①公行：这里指秉公而断。

②杖罪：杖刑。

③干连人：被牵连的人。

【译文】

常常有这样事情：婢女、仆役在雇主家，或他人在某家上吊自杀，主人家不懂法而认为这是件倒霉事，为了避免尸体发臭及官府问罪，就偷偷摸摸地把尸解下移到外面吊挂起来，经过移动后旧有痕迹被破坏，原来的一道索沟变成二道了。原来的索沟因为是生前形成呈现紫红色，移动后形成的索沟是白色的且没有血痕。移动尸体的事实清楚，应追究移尸者的责任，检验时应注明生前索沟和死后索沟。移尸的罪责只是杖刑，而漏把两道索沟报为一道索沟，复检官员不肯如此，如实申报为两道，则这个案子必然受到上级的质疑，相关人员要受到更重的处罚。

尸首日久坏烂，头吊在上，尸侧在地，肉溃见骨。但验所吊头，其绳若入槽，谓两耳连颔下深向骨本者。及验两手腕骨、头脑骨，皆赤色者是。一云齿赤色，及十指尖骨赤色者是。

【译文】

上吊死而很久未被人发现的尸体严重腐烂后，头挂在高处，躯干部侧倒在地上，皮肉腐烂而露出白骨。检验吊着的头部，若发现颈部绳索嵌进皮肉像一道沟槽，两耳后连同下巴处形成的沟槽深及骨头。并且检验发现手腕骨、颅骨，均呈深红色的可定自缢死。还有一种说法认为牙齿呈深红色，并且十指尖的骨头呈深红色的是自缢死。

二十　被打勒死假作自缢

【题解】

本节的内容是勒死或被人打死与自缢的鉴别。其理论和主要观点与现代的相差无几，并指出这种情况很容易辨别。只有一种情形较难辨别：当人被勒昏时马上被悬吊起而伪装自缢。如果现场可疑，不像是自缢的，应暂定被勒死，限期缉拿凶手。书中要求"检验被勒死亡的尸体时，要仔细勘查现场死者挣扎时所留下的各种痕迹"，并对死后捆绑的特点做了精辟的描述："死后被绳索系扎手脚、颈部等处的，因为人死后血液循环停止，所以被捆绑的地方压痕就不是紫红色而是白色的。这是死后捆绑的证明。死后捆绑没有出血，即使捆绑得很紧、压得很深，也是白痕，没有紫红色痕。"当然，这些经验都是肉眼观察所得，有些说法并不科学，现今应该根据尸体解剖和组织病理学检查结果综合分析，才能得出可靠的鉴定结论。

自缢，被人勒杀或篅杀假作自缢①，甚易辨。真自缢者，用绳索、帛之类系缚处，交至左右耳后，深紫色，眼合唇开，手握齿露，缢在喉上则舌抵齿，喉下则舌多出，胸前有涎滴沫，臀后有粪出。若被人打勒杀，假作自缢，则口眼开，手散发慢,喉下血脉不行,痕迹浅淡,舌不出,亦不抵齿,项上肉有指爪痕^②,身上别有致命伤损去处。

【注释】

①筭(suàn)杀:谋杀。筭,通"算"。

②指爪痕:指压痕或指扼痕。

【译文】

关于自缢的辨别,被人勒死或谋杀后伪造现场假装自缢的,这种情况很容易辨别。确实是自缢而死的人,用绳索、绸帕等压迫颈部,形成斜向至耳后的索沟,索沟是深紫色的,死者眼睛闭着、口唇张开,两手握拳、牙齿露出,绳索压在喉结上的则舌尖抵住牙齿,压在喉结下的则舌头大多会伸出来,有唾液从口角流下挂于胸前,肛门有粪便流出。如果是被人打死、勒死,伪装成自缢的,则一般口张开、眼不闭,手张开、头发乱,因被人打死后血液循环停止,故颈部索沟浅淡,舌不伸出,也不抵住牙齿,颈部可见指扼痕,身上还另有致命伤痕。

惟有生勒未死间,即时吊起,诈作自缢,此稍难辨。如迹状可疑,莫若检作勒杀,立限捉贼也^①。

【注释】

①捉贼:缉拿凶手。

【译文】

只有当被害人被勒昏未死之时,马上将其悬吊起来,伪装成自缢的,这种情形较难辨别。如果现场情况可疑不像自缢的,最好是暂定为被勒死,限期缉拿凶手。

　　凡被人隔物^①，或窗棂或林木之类勒死^②，伪作自缢，则绳不交。喉下痕多平过，却极深，黑黯色，亦不起于耳后发际。

【注释】

①隔物：指"隔物勒"。隔，即隔着某物体。物，指窗棂或林木之类的他物。隔物勒是指站靠窗棂、木柱等被人勒死。这种情况下，因颈部被窗棂、木柱等所隔，勒绳压不到而索沟中断，好像自缢形成的马蹄形索沟，但实际上是被他人勒死。

②窗棂：门窗上构成格子的木栏。

【译文】

　　凡是被他人隔着他物，如窗棂或林木之类勒死，而伪装成自缢的，则颈部索沟不交叉在一起。喉下索沟一般是平行的，但索沟很深，呈紫黑色，也不会斜升到耳后发际处。

　　绞勒喉下死者，结缔在死人项后，两手不垂下，纵垂下亦不直，项后结交，却有背倚柱等处，或把衫襟皱着，即喉下有衣衫领黑迹，是要害处气闷身死。

【译文】

　　被人绞勒喉下致死的，结扣处一般在死者的颈后部，死者两手不下垂，即使下垂也不伸直，颈后结扣相交，还背靠着木柱等，有的衣领处也褶皱着，如果咽喉下有衣领勒出的黑色压迹，则说明死者是因呼吸受阻而窒息死的。

　　凡检被勒身死人，将项下勒绳索，或是诸般带系，临时仔细声说，缠绕过遭数，多是于项后当正或偏左右系定，须有系不尽垂头处。其尸合面地卧，为被勒时争命，须是揉扑得头发或角子散慢，或沿身上有搕擦着痕①。

【注释】

①搕（kē）：通"磕"，碰撞。

【译文】

凡是检验被勒死的尸体时，要仔细检查勒住颈部的绳索，其系扎情况是怎样的，应在检验现场认真地报验，其缠绕圈数是多少，勒颈时大多在颈后部正中或偏左、偏右一点的位置打结，打结后还有剩余的绳子垂着。这类尸体一般俯卧在地上，因为被勒时拼命挣脱，因此应是挣扎得头发或发髻散乱，全身可见碰擦伤痕。

凡被勒身死人，须看觑尸身四畔，有扎磨踪迹去处①。

【注释】

①踪迹：损伤痕迹。

【译文】

检验被勒死亡的尸体时，要仔细勘察现场四周，有哪些死者挣扎时所留下的痕迹。

又有死后被人用绳索系扎手脚及项下等处，其人已死，气血不行，虽被系缚，其痕不紫赤，有白痕可验。死后系缚者，无血荫，系缚痕虽深入皮，即无青紫赤色，但只是白痕。

【译文】

也有死后被绳索系扎手脚、颈部等处的，因为人已经死了，血液循环停止，所以虽然被捆绑，但捆绑之处的压痕不是紫红色的，而是白色的，这是死后捆绑的证明。死后被捆绑的人，没有血荫，即使捆绑很紧、压得很深，也没有紫红色绑痕，只有白色绑痕。

有用火篦烙成痕①，但红色或焦赤，带湿不干。

【注释】

①用火篦烙成痕：用烧红的篦子在死人身上烙出伪造伤。

【译文】

有人用烧红的篦子在尸体颈部烙痕伪装成生前索沟，这种烙痕呈红色或焦红色，带有油湿不干的样子而不像生前伤痕枯干皮革化的样子。

廿一　溺死

【题解】

本节主要讲解溺水而死的相关内容，写得较仔细、全面。从溺死尸体的检验，到尸体所处不同环境的检查，如江、河、水库、池塘及水井等；"生前溺水"与"死后抛尸入水"的鉴别；以及常见的几种入水情况，如病死后被抛尸入水、打死后被抛尸入水、被打后抛尸入水、投井自杀入水、被推入井谋杀、失足落井身亡、投河自杀、被人推到河内溺死等，都有较详细的描述。其中大部分内容与今天的认识基本一致，但也有一些不同之处。如生前溺水者，书中仅讲"口鼻有许多泡沫溢出，有时带有血性泡沫"；但溺死者口鼻部及周围的泡沫一般是白色、细小、均匀、蕈状的，若泡沫带有血性，则可能该死者的死亡时间较久、已发生死后变化，故泡沫不是白色而带有血性。再如，现在要真正鉴别"生前入水溺死"与"死后抛尸入水"不仅要靠肉眼对尸体进行仔细观察和检验，还要结合辅助检查，如硅藻检验综合而定。硅藻检验只有科学技术发展到一定水平才能开展,这在南宋那个时代是不可想象的。故宋慈也在书中指出,"验明尸体是在井里或河里,死后浸泡多日。尸体高度腐烂,无法检出伤痕或其他致命原因,容貌无法复原、年龄无法估计,仅能够检验出口鼻有水泡沫,腹部膨胀,确系溺死。由于水浸多日,尸体腐败,无凭检验。这样,可不用说明致死的原因"。这说明宋慈在当时就遇到了无法检验入水时间长、高度腐败尸体的难题。

　　若生前溺水尸首①,男仆卧,女仰卧②。头面仰,两手、两脚具向前,口合,眼开闭不定,两手拳握,腹肚胀,拍着响,落水则手开③,眼微开,肚皮微胀。投水则手握④,眼合,腹内急胀。两脚底皱白不胀⑤。头髻紧,头与发际、手脚爪缝、或脚着鞋则鞋内各有沙泥。口鼻内有水沫⑥,及有些小淡色血污,或有搕擦损处。此是生前溺水之验也。盖其人未死必须争命,气脉往来,搐水入肠,故两手自然拳曲,脚罅缝各有沙泥⑦,口鼻有水沫流出,腹内有水胀也。

【注释】

①溺:水淹。又可指溺液,即凡是能致人淹死的液体,包括水、食油、汽油、酒、粪便等。这里指水。

②男仆卧,女仰卧:早期法医学书籍都这样记载,如日本法医学者中田笃郎《新法医学》中介绍:"自古以来,我国民间都说,男尸俯着浮,女尸仰着浮,外国的书里也这么说,实际情况也是如此。"溺死尸体的俯仰主要是由尸体重心决定的,有一定的性别因素,但不绝对。

③落水:指意外落水。

④投水:指自己投水。

⑤两脚底皱白：指两脚底起皱、变白。尸体在水中浸泡后，水分渗入皮肤，使角质层膨胀、变白、起皱，在角质层厚的手掌、脚底比较明显，形成所谓"漂妇样皮"。

⑥口鼻内有水沫：即"口鼻蕈形泡沫"。由于在溺死过程中的剧烈呼吸运动，因此吸入的液体与呼吸道黏膜分泌的黏液及肺内空气混合而形成泡沫。这种泡沫细小，多呈白色或略染淡红色，不易消失，抹去后又溢出，因其常从口鼻突起如蕈形，故法医学上称之为"蕈形泡沫"或"溺死泡沫"。

⑦罅（xià）缝：裂缝。

【译文】

如果是生前在水中溺死的尸体，男尸呈俯卧位，女尸呈仰卧位。通常头部仰抬着，两手、两脚都向前伸，口闭着，眼睛有的睁开有的闭着，两手握拳，腹部膨胀，拍起来有响声，失足落水淹死的人则五指张开，两眼微睁，腹部微胀。投水自杀的人则双手握拳，两眼闭着，腹部膨胀。双脚的脚底发白起皱而不膨胀。头上发髻不散，头发丛、手指脚趾的甲缝、如果脚上穿着鞋则鞋里都有泥沙。口鼻内有许多泡沫，有时带有血性泡沫，有的尸体上有擦伤痕。这些都是生前溺水的特征。这是因为活人落水后必然挣扎，剧烈地呼吸，使水吸入胃肠，所以死者两手握拳，双脚趾甲缝隙都有泥沙，口鼻溢出泡沫，胃肠进水导致腹部膨胀。

若检复迟，即尸首经风日吹晒，遍身上皮起，或生白疱。

若身上无痕，面色赤，此是被人倒提水搵死①。

若尸面色微赤，口鼻内有泥水沫，肚内有水，腹肚微胀，真是淹水身死。

【注释】

①倒提水搵（wèn）死：人被吊起倒提着头浸入水中淹死。这种情

况多见于在狱中的刑讯逼供手段,窒息明显,但吸入的溺液不多,如文中所介绍。揾,浸入,浸没。

【译文】

如果捞起后距离检验时间较长,尸体经过风吹日晒,全身表皮脱落,有的会起白色水泡。

如果尸身上没有检查到损伤,面色呈红色的,应考虑是被吊起倒提着头浸入水中淹死的。

如果尸体面色微红,口鼻中有泥沙、泡沫,胃肠中有水,腹部有些膨胀,则属于生前溺水。

若因病患溺死,则不计水之深浅,可以致死,身上别无它故。

若疾病身死,被人抛掉在水内①,即口鼻无水沫,肚内无水,不胀,面色微黄,肌肉微瘦。

【注释】

①疾病身死,被人抛掉在水内:把病死的人抛入水中。

【译文】

如果是因为患病求死而投水的,那么不论水的深浅,都能够致命,检查时应注意其身上没有另外的伤痕。

如果是因病死的,后被抛尸水中,则口鼻没有泡沫,胃肠里也没有水,腹部不胀大,面色微微发黄,身体消瘦。

若因患倒落泥渠内身死者,其尸口眼开,两手微握。身上衣裳并口、鼻、耳、发际并有青泥污者,须脱下衣裳,用水淋洗,酒喷其尸。被泥水淹浸处,即肉色微白①,肚皮微胀,指甲有泥。

【注释】

①肉色：这里指皮肤颜色。

【译文】

若是因为患病而不慎落水死亡的，则其尸体的口、眼张开，两手稍握拳。身上穿的衣服、口、鼻、耳、毛发都沾有泥沙，检查时应脱下衣服，用水冲洗尸体，用酒喷洒尸体。被泥水浸泡的地方，则皮肤发白，腹部稍膨胀，指甲缝里有泥沙。

若被人殴打杀死，推在水内，入深则胀，浅则不甚胀；其尸肉色带黄不白，口、眼开，两手散，头发宽慢，肚皮不胀①，口、眼、耳、鼻无水沥流出，指爪罅缝并无沙泥，两手不拳缩，两脚底不皱白，却虚胀。身上有要害致命伤损处，其痕黑色，尸有微瘦。临时看验，若检得身上有损伤处，录其痕迹，虽是投水，亦合押合干人赴官司推究②。

【注释】

①肚皮：腹部，主要指上腹部。

②推究：推鞫，审问。

【译文】

如果是被人打死，之后抛尸入水的，入水深者腹部会膨胀，入水浅者则膨胀不明显；尸体皮肤呈淡黄色而不是白色，口、眼张开，两手散开，头发蓬乱，腹部不胀大，口、眼、耳和鼻孔里没有水流出，指甲缝里没有泥沙，两手不握拳，两脚底也不发白起皱，但会略肿。尸体上有致命伤，伤痕呈黑色，尸体膨胀不明显。检验时，只要发现尸体上有损伤，就要一一检查登记，虽说死者是被打后投水的，也要缉拿涉案人审问。

　　诸自投井，被人推入井，自失脚落井，尸首大同小异，皆头目有被砖石磕擦痕，指甲毛发有沙泥，腹胀。侧覆卧之，则口内水出。别无它故，只作落井身死，即投井、推入在其间矣。所谓落井小异者，推入与自落井则手开、眼微开，腰身间或有钱物之类；自投井则眼合、手握，身间无物。

【译文】

　　各类投井自杀的，被推入井谋杀的，自己失足落井身亡的，尸体上所见大同小异，均是头部有被砖石磕碰的伤痕，指甲缝和头发里有泥沙，腹部膨胀。将尸体置于侧位或俯卧位时，则其口里有水流出。如果没有别的明显特征，则仅定作"落井身死"，这其中也包括"投井自杀"和"被推入井"在内。在落井身死各情况中略有差异的地方是，"推入"与"自落"入井的尸体会双手散开，眼微开，腰间也许有钱物之类的东西；"自投"入井的则双眼闭合、手握紧，身上没有钱物。

　　大凡有故入井，须脚直下。若头在下，恐被人赶逼，或它人推送入井。若是失脚，须看失脚处土痕。

【译文】

　　通常情况下自己投井的，应是两脚向下朝着井底。如果头朝下，则可能是被人强迫跳井，或被人直接推入井里。如果是失足落井，应当检查失足处的泥土痕迹。

　　自投河、被人推入河，若水稍深阔，则无磕擦沙泥等事；

若水浅狭，亦与投井、落井无异。大抵水深三四尺皆能淹杀人，验之果无它故，只作落水身死，则自投、推入在其间矣。若身有绳索，及微有痕损可疑，则宜检作被人谋害，置水身死。不过立限捉贼，切勿恤一捕限，而贻罔测之忧。

【译文】

投河自杀、被推到河里溺死的，如果河流比较深、河面比较宽，那么尸体上就没有磕擦的伤痕，指甲缝和头发丛里也没有泥沙；如果河水比较浅窄，那么尸体情况和投井、落井的差不多。通常河水约深三四尺就能淹死人，检验时确实验不出其他损伤，就定作"落水身死"，这其中也包括"自己投河"和"被推入河"的情况在内。如果身上捆有绳索，或者有一些可疑的损伤痕迹，则应该定作被人谋害，之后被推入水中身亡。这种情况下应当定立期限缉捕凶手，千万不要顾虑追捕时限，从而留下不可预测的隐患。

诸溺河池，行运者谓之河，不行运者谓之池。检验之时，先问原申人：早晚见尸在水内[①]？见时便只在今处[②]，或自漂流而来？若是漂流而来，即问：是东、西、南、北？又如何流到此便住[③]？如何申官[④]？如称见其人落水，即问：当时曾与不曾救应？若曾救应，其人未出水时已死，或救应上岸才死？或即申官，或经几时申官？

【注释】

①早晚：这里指具体什么时候。

②今处：这里。

③住：停留止住的意思。

④申官：报案。

【译文】

溺死在河、池里的尸体，水能流动的称"河"，不能流动的称"池"。检验的时候，先问原报案人：何时看见尸体在水中？看见时尸体是停在那里的，还是从别处漂来的？如果是漂来的，则要问：是从哪个方向漂来的？为什么飘流到这里就停下了？怎么向官府报案？如果报案人亲眼看见死者落水，则要问：当时有没有救援？如果有救援，那么落水者是在水中时已经死亡，还是被救上岸后才死亡的？是立即报官的，还是过了多少时间报官的？

若在江、河、陂、潭、池塘间^①，难以打量四至，只看尸所浮在何处。如未浮打捞方出，声说在何处打捞见尸。池塘或坎阱有水处可以致命者^②，须量见浅深丈尺，坎阱则量四至。江、河、陂、潭尸起浮或见处地岸，并池塘坎阱系何人所管，地名何处。

【注释】

①陂（bēi）：有围障的大池塘、水库。潭：溪河中水深的地方。

②坎阱（jǐng）：陷阱。

【译文】

如果尸体在江、河、水库、深潭、池塘里漂浮，水面宽阔难以标明四边接界的，只需把尸体漂浮的位置勘验清楚。如果尸体并未浮出水面而是被打捞起来的，那么要说清捞起尸体的具体位置。如果在池塘或陷阱里有水可以淹死人，就应量出水深多少，测量陷阱的四面接界情况。江、河、水库、深潭浮起或发现尸体的岸边土地，及池塘、陷阱属于何人管理，地名是什么，都要一一查清。

诸溺井之人，检验之时，亦先问原申人，如何知得井内有人？初见有人时，其人死未？既知未死，因何不与救应？其尸未浮，如何知得井内有人？若是屋下之井，即问：身死人自从早晚不见？却如何知在井内？凡井内有人，其井面自然先有水沫，以此为验。

【译文】

关于井里溺死的尸体，检验的时候，也应首先问原报案人，如何知道井里有人？当他发现有人在井里时，该人是死是活？如果发现时知道是活的，为何没有抢救？尸体还没有浮出水面，如何知道井里有人？如果是屋边的井，就要问：死者从何时不见的？又怎么知道死者在井里？但凡井里有死人，尸体浮起前水面必然先出现泡沫，可据此推测井底有尸体。

量井之四至，系何人地上？其地名甚处？若溺尸在底，则不必量，但约深若干丈尺，方摅尸出[1]。

【注释】

①摅（lǔ）：捞取。

【译文】

测量井的四面接界，这些地方是谁家的？地名叫什么？如果尸体沉在井底，可不量深浅，只估计水井深度后，把尸体捞出来。

尸在井内，胀满则浮出尺余，水浅则不出。若出，看头或脚在上在下，先量尺寸。不出，亦以丈竿量到尸近边尺寸，亦看头或脚在上在下。

【译文】

　　尸体在井里，如果已经膨胀则会浮出水面一尺多，水浅时就不会浮出。如果尸体浮出水面，要看其头或脚是朝上的还是朝下的，先量好相关尺寸。如果尸体没有浮出，也要用竹竿测量尸体附近的相关尺寸，同时验看头或脚是朝上的还是朝下的。

　　检溺死之尸，水浸多日，尸首胖胀，难以显见致死之因，宜申说：头发脱落，头目胖胀，唇口番张，头面连遍身上下皮血，并皆一概青黑褪皮①。验是本人在井或河内，死后水浸，经隔日数，致有此。今来无凭检验本人沿身有无伤损它故，又定夺年颜、形状不得，只检得本人口鼻有沫，腹胀。验得前件尸首委是某处水溺身死，其水浸更多日，无凭检验，即不用申说致命因依②。

【注释】

　　①褪皮：表皮剥脱。
　　②因依：依据。

【译文】

　　检验溺亡的尸体，如果被水浸泡久了，尸体发臭、膨胀，已看不出明显致命死因的，检验报告中应注明：头发脱落，头面发胀，口唇外翻，头面以及全身皮肤，均青黑污秽、表皮剥脱。验明尸体是在井里或河里，死后在水中浸泡，时隔多日，导致情状如此。尸体高度腐烂而无法检出伤痕或其他致命原因，容貌无法复原、年龄无法估计，仅能够检验出口鼻有水泡沫，腹部膨胀。检验认定前述的尸体确系在某处水中溺死，并在水中浸泡多时,尸体高度腐败难以检验,这样的情况可不用说明致死的原因。

初春雪寒,经数日方浮,与春、夏、秋末不侔^①。

【注释】

①侔(móu):齐等,相当。

【译文】

春初气候寒冷,尸体要几天后才会浮起来,这和春季、夏季、秋末的情况不一样。

凡溺死之人,若是人家奴婢或妻女,未落水先已曾被打,在身有伤,今次又的然见得是自落水或投井身死^①,于格目内亦须分明具出伤痕^②,定作被打复溺水身死^③。

【注释】

①今次:这次,本次。的然:的确,确实。

②格目:验尸报告。

③被打复溺水身死:被打后投水自杀。

【译文】

溺死的人,如果是某家的奴婢或妻女,没有落水前已经被殴打,身上有伤,这次又经检验确实是自己落水或投井身死的,在检验报告里也应写清楚所有伤痕,得出被打后投水自杀的结论。

投井死人,如不曾与人交争,验尸时面目头额有利刃痕,又依旧带血,似生前痕,此须看井内有破瓷器之属,以致伤着。人初入井时,气尚未绝,其痕依旧带血,若验作生前刃伤，岂不利害！

【译文】

投井自杀的人，要是不曾与人争斗，检验时发现面部、头部有利刃造成的伤痕，并带有血迹，很像生前已有的伤痕，遇到这种情况时应该查看井里有没有破瓷器之类锐利的东西，导致人在投井时被这些东西划伤。人刚落入井中时，还没有完全断气，被划伤的地方就必然会带血，假如把这种情况验作生前被他人用锐器所伤，那这种错误的责任可就大了！

卷之四

廿二 验他物及手足伤死

【题解】

自二十二节至二十五节的内容相当于现代法医病理学中机械性损伤的内容。本节的主要内容是钝器伤。文中对什么属于钝器，所致人身哪些部位的损伤属于钝器伤，以及损伤检验中有关损伤的大小、颜色、形态及其死因鉴定均做了较详细的论述。例如："被打后两日内死亡的，伤痕会比刚打时大些。这种情况下，皮下广泛出血，蓄积一两日，毒素吸收可致人死亡。""损伤范围广、面积大、深部肌肉出血、损伤严重，皮下出血透过皮肤呈紫黑色，这种情况伤后不久或当时就会死亡。"这些描述与今天的挤压综合征和创伤性休克所致死亡的情形基本一致。

律云①：见血为伤。非手足者，其余皆为他物，即兵不用刃亦是②。

伤损条限③：手足十日，他物二十日。

斗讼敕④：诸啮人者⑤，依他物法。

元符敕《申明刑统》⑥：以靴鞋踢人伤，从官司验定，坚硬即从他物，若不坚硬，即难作他物例。

【注释】

①律：指宋律，即《宋刑统》。

②兵不用刃：用锐器的背面，如斧背。

③限：辜限。

④斗讼：旧称伤害案件为"斗讼"。

⑤啮人：用牙咬人。

⑥元符：宋哲宗赵煦年号（1098—1100）。

【译文】

宋朝刑律规定：见血就构成伤害。除了拳脚伤外，其余均属于钝器伤，即使用锐器背面造成的伤害也属于钝器伤。

伤害条款规定的保辜期限是：拳脚伤十日，钝器伤二十日。

伤害法令规定：凡是咬人至伤的，按钝器伤论。

元符年间颁布的《申明刑统》规定：用靴鞋踢伤人的，以检验官员的验伤结果为依据，如果是用坚硬的靴鞋踢伤人的，就按钝器伤论处，如果不是用坚硬的靴鞋踢伤人的，就不能按钝器伤论处。

　　或额、肘、膝拶、头撞致死①，并作他物痕伤。

　　诸他物是铁鞭、尺、斧头、刃背、木杆棒、马鞭、木柴、砖、石、瓦、粗布鞋、衲底鞋、皮鞋、草鞋之类②。

【注释】

①拶（zā）：挤压，压迫。另，宋时有一种刑具叫"拶（zǎn）子"，用于施加夹手指的酷刑。

②斧头：这里指斧子的头部，即斧背。木杆棒：宋人防身棒类，因其携带方便，长不过眉，又称"齐眉棍"。

【译文】

如果用额部、肘部、膝部顶、头部撞致人死亡，按钝器伤论处。

各种钝器指铁鞭、铁尺、斧头背、刀背、木杆棒、马鞭、木柴、砖头、石头、瓦片、粗布鞋、衲底鞋、皮鞋、草鞋等。

若被打死者，其尸口眼开，发鬓乱，衣服不齐整，两手不拳①，或有溺污内衣②。

若在辜限外死，须验伤处是与不是在头，及因破伤风灌注，致命身死。

【注释】

①两手不拳：两手不握拳。

②溺：这里指尿，即小便失禁。

【译文】

被殴打致死的尸体，口张眼睁，头发蓬乱，衣服不整，手不握拳，或许还有小便失禁遗留在衣物上。

如果在保辜期限以外死亡，应该检验受伤部位是不是在头部，是否因感染破伤风，导致死亡。

应验他物及手足殴伤，痕损须在头面上、胸前、两乳、胁肋旁、脐腹间、大小便二处，方可作要害致命去处①。手足折损亦可死，其痕周匝有血荫②，方是生前打损。

【注释】

①脐腹：中腹部。古人把腹部分为三部分，"小腹"指下腹部，"脐腹"指中腹部，"肚"或"腹"指上腹部。

②痕周匝有血荫：即伤痕的周围还有皮下出血。现代法医学称之为
"镶边样挫伤"，日本学者称其为"二道痕"，我国古代法医学者称
其为"竹打中空"。

【译文】

检验钝器和拳脚伤时，伤痕在头面部、胸前、两乳、两胁及腋下、中腹
部、外阴及肛门等部位的，才能定作致命要害部位。手脚被打骨折的也
可造成死亡，这种伤痕周围有出血斑的，才是生前被打折的。

诸用他物及头额、拳手、脚足坚硬之物撞打，痕损颜色
其至重者紫黯微肿，次重者紫赤微肿，又其次紫赤色，又其
次青色，其出限外痕损者，其色微青。

【译文】

用钝器和头额、拳、脚等坚硬物击打致伤的，其伤痕最重的颜色呈紫
黑色伴有些许肿胀，次重的呈紫红色伴有稍肿，较轻的呈紫红色，最轻的
呈青色，辜期过后的外伤痕迹，转为淡青色。

凡他物打着，其痕即斜长或横长。如拳手打着即方圆，
如脚足踢，比拳手分寸稍大。凡伤痕大小定作掌足他物，当以上
件物比定①，方可言分寸。凡打着两日身死，分寸稍大②，毒气
蓄积向里，可约得一两日后身死③；若是打着当下身死，则分
寸深重，毒气紫黑，即时向里，可以当下身死④。

【注释】

①上件：上述，这里指拳脚伤。

②打着两日身死，分寸稍大：意思是被打后两天死亡的，其皮下出血

会比原来稍大些。这一描述符合现代法医学损伤原理。由于伤后人还活着，因此皮下出血会扩散甚至转移，之后慢慢吸收。

③毒气蓄积向里，可约得一两日后身死：皮下广泛出血，蓄积一两日，毒素吸收可致人死亡。这种描述与现代法医学的大面积软组织挫伤、出血致"挤压综合征"死亡的情形一致。其原理是反复地、广泛地打击肌肉丰富的部位致局部血液循环障碍，引起肌肉缺血性坏死，释放出肌红蛋白，人体吸收后出现肌红蛋白血症、肌红蛋白尿和高血钾症及急性肾衰竭死亡。一般在外伤后24～48小时出现少尿、血尿、无尿、浮肿、肾衰，如果时间间隔更短，即未出现肾衰，其死亡可考虑"创伤性休克"。

④分寸深重，毒气紫黑，即时向里，可以当下身死：损伤范围广、面积大、深部肌肉出血、损伤严重，皮下出血透过皮肤呈紫黑色，这种情况伤后不久或当时就会死亡。以上描述与"创伤性休克"一致。

【译文】

凡是受钝器伤的，伤痕多是斜长形或横长形的。如果是拳头打的伤痕是方圆形的，如果是脚踢的，则其伤痕比拳打的稍大些。凡是依据伤痕大小定为拳脚他物伤的，应与拳脚的实际大小进行比对，才能称说尺寸。被打后两日内死亡的，由于皮下广泛出血而使伤痕比刚打时大些，毒素蓄积而被向内吸收，大约一两日内致人死亡；如果是被打后当场死亡，则损伤范围广、面积大、深部肌肉出血、损伤严重，皮下出血透过皮肤呈紫黑色，很快向内影响身体，这种情况伤后不久或当时就会死亡。

诸以身去就物谓之磕。虽着无破处，其痕方圆，虽破亦不至深。其被他物及手足伤，皮虽伤而血不出者，其伤痕处有紫赤晕[①]。

【注释】

①伤痕处有紫赤晕：伤痕周围有出血斑。

【译文】

各种以身体去撞碰物体的称为"磕"。一般磕碰伤不会造成皮肤破裂，其伤痕呈方圆形，即使皮肤破损也不会太深。被钝物或拳脚打伤，皮肤受伤但没有破损出血的，其伤痕周围有出血淤斑。

凡行凶人若用棒杖等行打，则多先柱实处。其被伤人或经一两时辰，或一两日，或三五日以至七八日、十余日身死。又有用坚硬他物行打，便致身死者，更看痕迹轻重。若是先驱捽被伤人头髻①，然后散拳踢打②，则多在虚怯要害处③，或一拳一脚便致命。若因脚踢着要害处致命，切要仔细验认行凶人脚上有无鞋履，防日后问难。

【注释】

①驱捽（zuó）：向前用手抓或揪住。捽，抓，揪。

②散：即拳脚并用地打。

③虚怯要害处：指人体易轻微受伤致死的部位。这些部位，法医学上见到的有颈动脉窦、外阴部、上腹部等处。

【译文】

行凶人如果用棍棒等进行殴打，那么伤痕多在有骨骼的地方。被害人有的过了一两个时辰，有的过了一两日，或三五日乃至七八日、十余日死亡。也有用坚硬的物体进行殴打，当场致人死亡的，应该检查伤痕的轻重。如果先向前抓住被害人的头发，然后拳脚交加进行殴打，则伤处多是轻微受伤就可能致命的部位，有时一拳一脚就会致死。如果是脚踢要害部位致人死亡的，则要仔细检查行凶人脚上有没有穿靴鞋，并在检验报告上写明以防日后审查。

　　凡他物伤，若在头脑者，其皮不破，即须骨肉损也。若在其他虚处，即临时看验。若是尸首左边损，即是凶身行右物致打顺故也①。若是右边损，即损处在近后，若在右前，即非也。若在后，即又虑凶身自后行他物致打。贵在审之无失。

【注释】

　　①尸首左边损，即是凶身行右物致打顺故也：尸体上的损伤主要在左边时，是因为凶手右手持凶器正面击打顺手的缘故。

【译文】

　　凡是身受钝器伤的，如果伤在头部，皮肤没有破裂，颅骨和头皮下的肌肉等也必有损伤。如果伤在其他易受伤害的部位，则应仔细检验。如果尸体左边受伤，就有可能是凶手右手持凶器正面击打顺手的缘故。如果伤在右边，可能是凶手右手持物从身后近身处打的，如果伤在右边正前，就不属于这种情况了。如果伤痕在身体背面，应考虑凶手是从受害人背后用钝器进行击打的。认定的关键在于仔细审查，准确无误。

　　看其痕大小，量见分寸，又看几处皆可致命，只指一重害处，定作虚怯要害致命身死。

　　打伤处皮膜相离，以手按之即响①。以热醋罨，则有痕。

【注释】

　　①打伤处皮膜相离，以手按之即响：这种情况可能发生在帽状腱膜层或骨肌间膜等处，外伤后帽状腱膜层或骨肌间膜间出血，尸体检查时，以手按之会响。

【译文】

尸体伤痕的大小，要量清楚尺寸，并注明有几处是可以致命的，但只能指定伤情最重的一处，作为要害致命伤。

被打伤的地方皮肤和肌膜分离，用手按压会有声响。看不出伤痕时可用热醋洗敷，则显现出来。

凡被打伤杀死人，须定最是要害处致命身死。若打折脚手，限内或限外死时，要详打伤分寸阔狭后，定是将养不较[①]，致命身死。面颜岁数，临时声说。

【注释】

①将养不较：疗伤保养不当。

【译文】

被打伤致死的，要从诸多伤痕中确定一处要害致命伤。如果被打得手脚骨折，在辜限期内或辜限期外死亡的，要详细审查伤痕大小和损伤程度后，确定是否为疗伤保养不当，导致的死亡。死者的容貌和年龄，要在检验时记载清楚。

凡验他物及拳踢痕，细认斜长方圆，皮有微损。未洗尸前，用水洒湿，先将葱白捣烂涂，后以醋糟，候一时除，以水洗，痕即出。

【译文】

检验钝器伤和拳脚伤时，应仔细辨认损伤的形状与类型，皮肤的破损情况。在洗尸之前，用水湿润表皮，先把葱白捣烂敷在伤处，然后用醋和酒糟洗罨，等候一个时辰之后除去，再用水冲洗，伤痕就会显现。

若将榉木皮罨成痕，假作他物痕，其痕内烂损黑色，四周青色，聚成一片，而无虚肿，捺不坚硬①。

又有假作打死，将青竹篦火烧烙之，却只有焦黑痕，又浅而光平。更不坚硬。

【注释】

①捺不坚硬：指用手按压不硬。这是古人验伤的方法，有其科学依据。有一个案子，说的是宋朝时尚书李南公知长沙县，一日有二人争斗，甲强乙弱，但身上都有青赤伤痕。南公以手捏之，说乙是真伤，甲是伪装。审之果然服罪。南方有一榉柳，以其叶涂在皮上，则其色青赤，如同殴伤，水洗不去。但殴伤者血聚而硬，伪则不硬。"血聚而硬"指殴伤时发生皮下出血、肌肉间血肿，血液及其渗出液积聚在皮肤下，以手触之较硬。榉柳造伤，只有青赤色相似，无皮下出血，故不硬。

【译文】

如果是将榉树汁涂在皮肤上制成的"伤痕"，伪装成钝器伤，则这种痕迹呈一团黑色，周边是青色，聚成一块，却没有肿胀，用手按压也不会感觉坚硬。

另有将尸体伪装成被人打死的，把青竹做的篦子用火烧热烙在皮肤上，这样的"伤痕"只有烧焦的黑色，既浅又平滑。按压时更加不会感到坚硬。

廿三　自刑

【题解】

"自刑"指自残肢体及自杀。本节内容是关于用锐器自杀的检验，主要是割颈自刎，即"刎颈自杀"，以及自己砍下手臂或手指等。另外，还有用牙自己咬断指头的。锐器，文中主要提到小刀和菜刀。

在讲损伤部位及其后果时文中指出："在喉下部、心前区、上腹部、两季肋区、太阳穴、囟门等要害部位用刀自杀的，只要切破内脏包膜，虽伤口不大，也会迅速死亡。如果伤得不深，或未切中要害部位，则虽然切了好几刀，也不一定致命。"这说明，虽然那时尚未开展尸体解剖，但对人体内部的器官已有一定的了解。所谓"只要切破内脏包膜，虽伤口不大，也会迅速死亡"，主要是指人体内部器官破裂后，必然引起急性大失血，从而导致急性失血性休克而死亡。

文中更为精辟之处是关于"自杀和他杀""生前伤和死后伤"之鉴别的描述。

伤口皮肉向里卷缩，可以证明系生前伤。"假如是死后砍的，皮肉就不向里翻卷，凭这一点就可以认定是死后伤。"这是因为生前受刀伤的，因其存在血液循环而伤后有伤口卷缩等生活反应，死后伤则没有生活反应。

用刀自杀造成的伤口"自起刀处较重，收刀处较轻。（如果是用左手持刀自杀，则喉部右边起刀的地方深，左边收刀的地方浅，伤痕的中间部分也不及右边起刀处深。这是因为自杀的人往往用力起刀，逐渐感觉疼痛而缩手，所以伤口深度变浅，并且左手必然作握刀的样子。用右手自刎的，起刀、收刀的伤口情形与左手自刎相同，只是部位相反而已。）"这不仅仅是对经验的高度概括，也很有科学道理，与今天的研究结果没有差别。

凡自割喉下死者[①]，其尸口眼合，两手拳握，臂曲而缩，死人用手把定刃物，似作力势，其手自然拳握。肉色黄[②]，头髻紧。

【注释】

①自割喉下：自己用刀、剑等锐器割颈部结束生命，也称"自刎"，俗称"抹脖子"。

②肉色：皮肤颜色。

【译文】

割颈自刎死的尸体，口眼紧闭，两手握拳，两手臂向内弯曲收缩，死者的手抓着刀，好像在用力，两手自然就呈握拳的姿势。皮肤呈黄色，头发不乱。

若用小刀子自割，只可长一寸五分至二寸；用食刀①，即长三寸至四寸以来；若用瓷器，分数不大。逐件器刃自割，并下刀一头尖小，但伤着气喉即死②。

【注释】

①食刀：旧称菜刀之类。

②气喉：指在喉结上下部位的气管。

【译文】

如果是用小刀割颈，则刀口只长一寸五分到二寸；用菜刀，则可长三寸到四寸左右；如果用瓷片割，则伤口尺寸不大。用各种锐器自割的，并使用锐利的一端，只要刺断气管就会致命。

若将刃物自斡着喉下、心前、腹上、两胁肋、太阳、顶门要害处，但伤着膜①，分数虽小即便死②；如割斡不深③，及不系要害，虽三两处，未得致死。若用左手，刃必起自右耳后，过喉一二寸；用右手，必起自左耳后。伤在喉骨上难死，盖喉骨坚也；在喉骨下易死，盖喉骨下虚而易断也。其痕起手重，收手轻。假如用左手把刃而伤，则喉右边下手处深，左边收刃处浅，其中间不如右边。盖下刃太重，渐渐负痛缩手，因而轻浅，及左手须似握物是也。右手亦然。

【注释】

①膜：这里主要指切破腹腔、胸腔、颅腔、脊髓腔的内脏包"膜"，分别是腹膜、胸膜、心包膜、硬脑（脊）膜等。

②分数：这里指刀切入的深度。

③割斡（wò）不深：这里指切入不深。斡，挖，掏。

【译文】

如果是在喉下部、心前区、上腹部、两季肋区、太阳穴、囟门等要害部位用刀自杀的，只要切破内脏包膜，即使伤口不大也会迅速死亡；如果切得不深，或未切中要害部位，则虽然切了好几刀，也不一定致命。如果是用左手持刀割颈自杀的，则刃痕必然从右耳后开始，抹过喉部一二寸；如果是用右手，则刃痕必然从左耳后开始。如果伤在喉结部位则不易致命，这是因为喉骨坚硬难以割开的缘故；如果伤在喉结之下则容易致命，这是因为喉结之下较柔软容易割开。这类伤痕自起刀处较重，收刀处较轻。如果是用左手持刀自杀，则喉部右边起刀的地方深，左边收刀的地方浅，伤痕的中间部分也不及右边起刀处深。这是因为自杀的人往往用力起刀，逐渐感觉疼痛而缩手，所以伤口深度变浅，并且左手必然作握刀的样子。用右手自刎的也是同理，只是相反而已。

凡自割喉下，只是一出刀痕①，若当下身死时，痕深一寸七分，食系、气系并断②；如伤一日以下身死，深一寸五分，食系断③，气系微破；如伤三五日以后死者，深一寸三分，食系断，须头髻角子散慢④。

【注释】

①出：量词。

②气系：气管。

③食系断：即食管断裂。按照书中的介绍，伤口越深，气管损伤越大，即认为食管在气管之前，这是不正确的，现代人体解剖学研究表明，食管在气管后方。

④角子：未成年男子头顶两侧角挽起的两束发卷，因其形如菱角，故称"角子"。

【译文】

凡是自刎于喉下部位，颈部只有一道伤口的，如果迅速死亡，那么伤口必然达到一寸七分深，食管、气管均断裂；如果自刎后一日内死亡，则伤口有一寸五分深，食管断裂，气管有些破裂；如果三五天以后才死亡，则伤口一寸三分深，只有食管断裂，且头发散乱。

更看其人面愁而眉皱，即是自割之状。此亦难必。

若自用刀剁下手并指节者，其皮头皆齐，必用药物封扎。虽是刃物自伤，必不能当下身死，必是将养不较致死，其痕肉皮头卷向里①。如死后伤者，即皮不卷向里，以此为验。

【注释】

①其痕肉皮头卷向里：伤口皮肉向内卷。由于活体皮肤、肌肉有一定的张力，因此中断时会向两端收缩，从而造成皮肉内卷。这是生前伤的生活反应。

【译文】

注意验看死者的表情，面带愁容、眉头紧锁的，往往是自杀的。这一点不一定。

如果是自己用刀砍下手臂或手指的，则伤口四周皮肉整齐，且一定用药包扎过。虽然是锐器自伤，但一定不会迅速死亡，只能是伤后调养不周才会致死，这样的伤口皮肉向里卷缩。假如是死后砍的，则皮肉不向里翻卷，凭这一点就可以认定是死后伤。

又有人因自用口齿咬下手指者，齿内有风着于痕口[1]，多致身死，少有生者。其咬破处疮口一道，周回骨折，必有浓水淹浸，皮肉损烂。因此，将养不较，致命身死。其痕有口齿迹，及有皮血不齐去处。

【注释】

[1]风：指破伤风。

【译文】

也有自己用牙咬断指头的，口腔中有破伤风杆菌等会侵入创口，这种情况下大多数人会不治身亡，很少有活下来的。咬断的地方有一道创口，指骨骨折，必定有化脓感染，皮肉溃烂的情况。因此，调养不好，就会身死。咬痕上有牙齿的印迹，并且皮肉不整齐。

验自刑人，即先问原申人：其身死人是何色目人？自刑时或早或晚，用何刃物？若有人来识认，即问：身死人年若干？在生之日，使左手、使右手？如是奴婢，即先讨契书看，更问：有无亲戚，及已死人使左手、使右手？并须仔细看验痕迹去处。

更须看验，在生前刃伤，即有血行，死后即无血行[1]。

【注释】

[1]在生前刃伤，即有血行，死后即无血行：生前刀伤，因其存在血液循环而伤后有伤口卷缩等生活反应，死后伤没有生活反应。

【译文】

检验用锐器自杀的尸体，要先问原报案人：死者是什么身份、职业？自杀的时间是什么时候，用了什么类型的锐器？如果有人来认尸，就问：死者年龄多少？活着的时候，是习惯用左手还是右手？如果死的是仆人、女佣，就要先检查雇主持有的卖身契，再问：死者有没有亲戚，以及死者生前习惯用左手还是右手？并要仔细检查、分析伤痕。

还要检查伤口，是生前刀伤的，因其存在血液循环而有伤口卷缩等生活反应，死后伤则没有生活反应。

廿四　杀伤

【题解】

杀伤，指被人杀伤，即他杀。有关杀伤的检验，本节主要论述了刀、斧刃砍伤，长矛刺伤，及其形态特征和记录注意事项。其中有三点特别重要。

1.生前伤与死后伤的检验

"凡是检验杀伤的尸体，应先检验是否为刀刃等锐器所伤，以及是生前伤还是死后伤。如果是生前利刃伤，则伤口哆开大，创缘卷缩。如果伤口平整，则是死后切割伪装成生前利刃伤。如果是生前利刃伤，则伤口有出血，并且创口周围沾满鲜红色的凝血块，如果刺创贯通腹膜伤及内脏就会致人死亡。如果是死后切割的创口，则创缘肉色干白，更谈不上创周有凝血块了。（因为人死后血液循环停止，所以肉色发白。）"这里的"伤口哆开大，创缘卷缩，伤口有出血"，把生前伤的主要特点做了非常精辟的描述，也有充足的科学依据。

2.抵抗伤的问题

文中讲到，行凶人用刀砍人时，被害人必然会用手抵挡而被砍伤；为保护被害人而挡刀者，其背部会受伤。如果行凶人一刀就伤及被害人要害部位而致命的，那么，死者手上便没有抵抗伤。

在法医学检验过程中，如发现尸体上有防御抵抗伤，则是死者受伤时自卫的重要证据，可鉴定为是他杀。虽然检验出防御抵抗伤就可鉴定为他杀，但不能反过来说没有防御抵抗伤就不是他杀。因为有时候受伤者不能或来不及进行防御抵抗就已失去防御抵抗能力或已死亡。

3.有关衣服的检验

"检验刀伤尸体，必须注意检查死者原来穿的衣服有没有破损。如果身上有刺创，而衣服上没有孔，就要看血迹是在衣内还是在衣外；如果只在衣内，而衣外没有，就是伤后才被套上的。"在检验损伤致死者时，法医还必须检查死者受伤时所穿的衣服，看有无损伤并与尸体上所见的损伤相比对。这一点对鉴定是否他杀非常重要。

凡被人杀伤死者，其尸口眼开，头鬓宽或乱，两手微握，所被伤处要害分数较大①，皮肉多卷凸。若透膜②，肠脏必出。

【注释】

①分数：指创口的具体大小、深度。

②膜：这里指腹膜。

【译文】

关于他杀尸体的检验，尸体口眼张开，头发蓬乱，两手半握着，受伤的要害部位裂口大，创缘不整齐。如果刺破腹膜，那么胃、肠等脏器会流出体外。

其被伤人见行凶人用刃物来伤之时，必须争竞，用手来遮截，手上必有伤损①；或有来护者，亦必背上有伤着处。若行凶人于虚怯要害处一刀直致命者，死人手上无伤，其疮必重。若行凶人用刃物斫着脑上顶门②，脑角后发际，必须斫断头发，如用刀剪者。若头顶骨折，即是尖物刺着，须用手捏着其骨损与不损。

【注释】

①用手来遮截，手上必有伤损：用手挡刀而被砍伤。这种损伤现代法医学称"抵抗伤"或"防卫伤"。

②斫（zhuó）：用刀斧砍。

【译文】

被害人在见到行凶人拿刀过来伤害自己时，必然会反抗，用手抵挡，手上因此必然有伤痕；或者有过来保护被害人的人，其背部必然会受伤。如果行凶人在被害人的要害部位刺入一刀就使其毙命，那么死者的手上便没有抵抗伤，而其身上的创伤必然很严重。如果行凶人用刀砍击被害人头顶，后枕部，则必然砍断头发，其断发处就像用剪刀剪的那样整齐。如果头顶有骨折，则是被尖锐之物刺伤的，可用手捏压判断有没有骨折。

若尖刃斧痕，上阔长，内必狭。大刀痕，浅必狭，深必阔。刀伤处，其痕两头尖小，无起手、收手轻重。枪刺痕①，浅则狭，深必透簳②，其痕带圆，或只用竹枪、尖竹担斡着要害处③，疮口多不齐整，其痕方圆不等④。

【注释】

①枪：长杆一端有尖头的刺击用的武器。古人把刀、枪、剑、戟等称为"十八般兵器"，其中，枪是很重要的防身攻击武器。

②簳（gǎn）：枪杆。

③竹枪、尖竹担：指竹削尖后制成的竹刺器。

④方圆：范围，周围。这里指尸体上创口的范围大小、具体长度。

【译文】

如果是被斧刃砍伤的痕迹，必然是创口大、创底小。长刀砍伤的痕迹，创口浅则窄，深则宽。刀砍伤的创口，两头尖小，没有起手处、收手处的深浅之分。长枪刺的伤痕，刺得浅就较小，刺得深就会连长枪杆一并刺入，创口带圆形，如果是用竹杆削尖制成的竹枪、尖竹扁担刺人要害，则创口大多不规则，伤痕大小不一。

凡验被快利物伤死者，须看原着衣衫有无破伤处，隐对痕血点可验。又如刀剔伤肠肚出者，其被伤处，须有刀刃撩划三两痕。且一刀所伤，如何却有三两痕？盖凡人肠脏盘在左右胁下，是以撩划着三两痕。

【译文】

凡是检验刀伤尸体，必须注意检查死者原来穿的衣服有没有破损，大约对照伤痕附近的血迹可以验证。再如被刀剔伤腹部导致肠子流出腹外的，其受伤部位，应在肠子上有被刀刃划伤的三两处创口。就是被一刀所伤的，为什么会有三两道伤痕呢？这是因为人的肠子弯曲重叠并缠绕在腹腔里，所以一刀会造成三两处创口。

凡检刀枪刃斫剔，须开说：尸在甚处？向当？着甚衣服？上有无血迹？伤处长、阔、深分寸？透肉不透肉？或肠肚出①，脊膜出②，作致命处。仍检刃伤衣服穿孔。如被竹枪尖物剔伤致命，便说"尖硬物剔伤致死"。

【注释】

①肠肚：即胃肠。

②膋（liáo）膜：大网膜，肠系膜。

【译文】

凡是检验被刀枪刺砍、挑伤致死的，检验报告要写明：尸体倒在何处？朝向如何？穿着什么衣服？衣服上有没有血迹？创口的长度、宽度和深度各是多少？有无贯通胸、腹腔？是否有肠子、网膜流出体外，作为致命伤的部位在哪里。还要检查创口部位的衣服有无破孔，如果是被竹枪等尖锐的物体挑伤致死，应写明"被带尖物体挑伤致死"。

凡验杀伤，先看是与不是刀刃等物，及生前死后痕伤。如生前被刃伤，其痕肉阔，花纹交出。若肉痕齐截，只是死后假作刃伤痕。如生前刃伤，即有血汁，及所伤痕疮口皮肉血多花鲜色①，所损透膜即死。若死后用刀刃割伤处，肉色即干白，更无血花也。盖人死后血脉不行，是以肉色白也。

此条仍责取行人定验，是与不是生前、死后伤痕。

【注释】

①多花鲜色：沾满大量鲜红色的凝血块。多，大量。花，形状像花瓣的东西，这里指凝血块。鲜色，鲜红色。

【译文】

凡是检验杀伤的尸体，应先检验是否为刀刃等锐器所伤，以及是生前伤还是死后伤。如果是生前利刃伤，则伤口哆开大，创缘卷缩。如果伤口平整，则是死后切割伪装成生前利刃伤。如果是生前利刃伤，则伤口有出血，并且创口周围沾满鲜红色的凝血块，如果刺创贯通腹膜伤及内脏就会致人死亡。如果是死后切割的创口，则创缘肉色干白，更谈不上创周有凝血块了。因为人死后血液循环停止，所以肉色发白。

这一条应责令行人进行检验，确定是生前伤还是死后伤。

活人被刃杀伤死者，其被刃处皮肉紧缩，有血荫四畔[①]；若被支解者，筋骨皮肉稠粘，受刃处皮肉骨露。

死人被割截，尸首皮肉如旧。血不灌荫，被割处皮不紧缩，刃尽处无血流，其色白。纵痕下有血，洗检挤捺，肉内无清血出，即非生前被刃。

更有截下头者，活时斩下，筋缩入[②]；死后截下，项长并不伸缩。

【注释】

①血荫四畔：出血斑。

②筋：这里泛指颈部的血管、神经等。

【译文】

活着的时候被刀刃杀伤致死的，创口处皮肉紧卷，周围有出血斑；如果是活着被肢解的，则被刀砍部位的筋骨、皮肉模糊黏稠，创缘皮肉卷缩、骨头露出。

死亡之后被肢解的，尸体皮肉颜色、形状都没有变化。创口周围没有出血斑，被切割的地方皮肉不紧缩，利刃切过的地方没有出血，肉色发白。即使创口处有血迹，在清洗检验时按压，肉里也没有清血流出，这说明不是在活着的时候受的利刃伤。

还有被割掉头的，如果是在活着的时候被割掉头，则颈部血管、神经是缩进去的；死后被割头的，则颈部的长度不变，血管、神经不回缩。

凡检验被杀身死尸首，如是尖刃物，方说"被刺要害"；

若是齐头刃物，即不说"刺"字。如被伤着肚上、两肋下或脐下，说长阔分寸后，便说"斜深透内脂膜①，肚肠出，有血污，验是要害被伤割处，致命身死"。若是伤着心前、肋上，只说"斜深透内，有血污，验是要害致命身死"。如伤着喉下，说"深至项，锁骨损，兼周回所割得有方圆不齐去处，食系、气系并断，有血污，致命身死"。可说"要害处"。如伤着头面上，或太阳穴、脑角后、发际内，如行凶人刃物大，方说"骨损"，若脑浆出时②，有血污，亦定作"要害处致命身死"。如斫或刺着沿身不拘那里，若经隔数日后身死，便说"将养不较，致命身死"。

【注释】

①内脂膜：这里指大网膜。

②脑浆：脑外伤后流出颅外混有血液的脑组织。

【译文】

凡是检验他杀的尸体，如果是被尖锐的物体刺伤，则检验报告中要写明"被刺要害"字样；如果是平头的刃器，则不能写"刺"字。如果受伤的是上腹、两肋下或脐下，则在写清楚创口的长、宽后，还要写明"伤口倾斜深入穿透腹腔中的膜，肠子流出体外，有出血，验明是要害处被割伤，导致死亡"。如果伤在胸前、肋部，只写"斜着深刺进胸部伤及内脏，有出血，验明是伤及要害部位导致死亡"。如果伤在颈部，就写"伤口深入颈项，锁骨受损，周围所割伤口不整齐，食管、气管被割断，有出血，因而致命身死"。可以写"要害处"。假如伤在头面部，或在太阳穴、脑角、后枕部，如果凶手使用的凶器有一定重量且用力，才能写"颅骨破裂"，如果脑组织外溢，有出血，也可以定作"伤及要害致命部位身死"。被砍伤或刺伤身上不论哪个部位,如果隔了多日才死亡,应写"调治无效,导致死亡"。

凡验被杀伤人,未到验所,先问原申人:曾与不曾收捉得行凶人[①]? 是何色目人? 使是何刃物? 曾与不曾收得刃物? 如收得,取索看大小,着纸画样;如不曾收得,则问刃物在甚处? 亦令原申人画刃物样。画讫,令原申人于样下书押字[②]。更问原申人:其行凶人与被伤人是与不是亲戚[③]? 有无冤仇[④]?

【注释】

①收:拘捕。

②押字:签字。

③行凶人与被伤人是与不是亲戚:他杀案件要查明凶手与被害人是否有亲戚关系以便定罪。如宋朝法律规定,五服之内幼犯长和卑犯尊要加重处刑。

④有无冤仇:查明有无冤仇以便判明作案动机和量刑。

【译文】

凡是检验他杀案件,在去现场前,应先问原报案人:是否抓到了凶手? 凶手是什么身份、职业? 使用的是什么凶器? 凶器找到没有? 如果找到了凶器,应拿过来验看尺寸样式,并在纸上画成图样;如果没有找到凶器,就要追问凶器在哪里? 要让原报案人画出凶器的图样来。画完之后,要让原报案人在所画的图样上签字。还要问原报案人:凶手与被害人是否有亲戚关系? 有没有结仇?

廿五　尸首异处

【题解】

所谓尸首异处，是指身体与头颅被分离于不同地方，属于现代法医学尸体检验中"碎尸"的范畴。后者又称肢体离断，是指尸体受暴力作用而被分解成数段或数块，本节中的身首异处是其中的一种情况。其检验方法和顺序在书中讲得比较具体。如首先辨认尸体，其次进行"现场勘查"和测量，再做具体检验、测量和拼接头与躯体，看是否吻合，并确定是生前还是死后砍下的。本节虽然篇幅不长，但已把碎尸检验的主要内容叙述得比较清楚了。

凡验尸首异处，勒家属先辨认尸首。务要仔细打量尸首顿处四至①。讫，次量首级离尸远近②，或左或右，或去肩脚若干尺寸。支解手臂、脚腿，各量别计，仍各写相去尸远近。却随其所解肢体与尸相凑③，提捧首与项相凑，围量分寸，一般系刃物斫落。若项下皮肉卷凸，两肩井耸皺④，系生前斫落⑤；皮肉不卷凸，两肩井不耸皺，系死后斫落。

【注释】

①打量：察看。顿处：这里指尸体所在处。

②首级：被斩下的人头。秦时以斩敌首的数量多少论功晋级，因此后来称斩下的人头为首级。

③相凑：接近，会合。这里指把身体各部分拼凑在一起。

④若项下皮肉卷凸，两肩井耸皺（chuò），系生前斫落：假如颈部上皮肉卷缩、骨头凸露，两肩耸起、皮脱，则头是在生前被砍下的。

【译文】

关于身首异处尸体的检验,应要求死者家属首先辨认尸体。务必要仔细观察并测量尸体所处现场四周的情况。做完这些,随后测量头颅距离尸体有多远,是在尸体左边还是右边,或者离肩或脚有多少距离。被肢解的手臂、脚腿,也应分别测量并记录,写明距离尸体有多远。再把被砍下的四肢与躯干相拼合,把头颅与颈部相拼合,量好被砍的两分离端的具体尺寸,对位拼接吻合的一般可确定为刀类剁砍碎尸。如果颈部下皮肉卷缩、骨头凸露、两肩耸起、皮脱,则头颅是在生前被砍下的;如果颈部皮肉不卷缩,两肩不呈耸起、皮脱的状态,则头颅是在死后被砍下的。

廿六　火死

【题解】

所谓"火死"实际上就是指"烧死",是法医学上的重要内容之一。烧死的法医学检验鉴定中最主要的问题是要鉴别其是"生前烧死"还是"死后焚尸"。宋慈在文中对一般的烧死案例的检验鉴定做了非常精辟的描述。如生前烧死、死后焚尸都可看到一种尸体两手脚拳缩的姿势,但主要是看口鼻里有无烟灰,有则是生前烧死,无则是死后焚尸。这里"主要看口鼻里有无烟灰"是鉴别生前被烧死,还是因其他原因致死而在死后被焚尸的最重要的证据。因为只有活着的人才有呼吸,才能吸入火烧现场所产生的烟灰。此外,如果是被锐器杀死的,必然流血多,在尸体底下就会有死者生前流出的大量血液渗入地下泥土,这样,泼醋酒后可显现血迹,以及"问清底细,才能检验"等,则是关于现场勘查和案情调查方面的告诫。结合案情调查和现场勘查,更有助于判断是"生前烧死"还是"死后焚尸"。

当然,随着社会的进步和人们生活条件的改善,现代烧死尸体的法医学检验鉴定工作是不能仅根据查看口、鼻内有无烟灰等下结论的,还必须结合尸体解剖、病理组织切片检查和一些辅助检查结果,如血液中碳氧血红蛋白的检查结果等,进行综合分析。例如,今天烧死尸体的现场与宋慈那个时代人们的住宿条件有很大的差别,一般没有过去茅屋被火烧后产生的大量烟灰,故只在口鼻部检见少量可疑烟灰不足以定论,还必须检查支气管及其分支内有无烟灰,从病理组织切片上看肺组织内是否有异物吸入等。

凡生前被火烧死者,其尸口鼻内有烟灰,两手脚皆拳缩;缘其人未死前被火逼奔争,口开气脉往来,故呼吸烟灰入口鼻内。若死后烧者,其人虽手足拳缩①,口内即无烟灰;若不烧着两肘骨及膝骨,手脚亦不拳缩。

【注释】

①"凡生前被火烧死者"几句:意思指生前烧死、死后焚尸都可看到一种尸体两手脚拳缩的姿势,但主要要看口鼻里有无烟灰,有则是生前烧死,无则是死后焚尸。这里提到的"两手脚均拳缩"的描述,与现代法医学"拳斗样姿势"的提法一致。

【译文】

凡是生前被火烧死的人,尸体的口鼻里有烟灰,四肢卷缩呈拳斗姿势;这是因为死者生前被火烧时挣扎逃命,张开嘴巴拼命呼吸,所以把烟灰吸入了口鼻中。如果是死后焚尸,则尸体四肢虽然也呈拳斗姿势,但口里没有烟灰;如果死后焚尸没有烧着两肘和两膝,那么四肢也不会拳曲。

若因老病失火烧死,其尸肉色焦黑或卷,两手拳曲,臂曲在胸前,两膝亦曲,口眼开,或咬齿及唇,或有脂膏黄色突出皮肉。

【译文】

如果是因年老体弱失火被烧死的,尸体肉色焦黑或卷缩,两手拳曲,手臂弯在胸前,两膝弯曲,口眼张开,有的牙咬口唇,有的皮肉崩裂,裂口里还会流出烧焦的黄色油脂。

若被人勒死抛掉在火内,头发焦黄,头面、浑身烧得焦黑,皮肉揞皱,并无揞浆䩰皮去处[①],项下有被勒着处痕迹。

【注释】

①揞(ǎn):掩藏的。

【译文】

如果是被人勒死后抛入火里焚尸的,尸体头发焦黄,头面、全身烧得焦黑,四肢卷缩,检查时并没有发现烧伤起疱脱皮的地方,颈部却有被勒的痕迹。

又若被刃杀死,却作火烧死者,勒仵作拾起白骨,扇去地上灰尘,于尸首下净地上用酽米醋、酒泼[①],若是杀死即有血入地鲜红色。须先问尸首生前宿卧所在,却恐杀死后,移尸往他处,即难验尸下血色。

【注释】

①酽(yàn):指茶、醋、酒等饮料味厚。

【译文】

如果是被锐器杀死,之后就地放火焚尸伪装烧死的,如果检查时只有一堆骨头则应令仵作捡起残余骸骨,去除地上的残灰,在尸体被烧处之下的干净地面上洒泼浓醋和酒,如果是被锐器杀死的则必然有大量血液渗入泥土从而显现鲜红色。这类案件应该问清死者生前的居住处，以免其是被杀死之后，移动尸体到其他的地方进行焚烧，那样的话就难以检验出尸体之下的血迹了。

大凡人屋或瓦或茅盖，若被火烧，其死尸在茅瓦之下；若因与人有仇，乘势推入烧死者，其死尸则在茅瓦之上。兼验头足，亦有向至。

【译文】

通常人们居住的房屋是以瓦片或茅草为屋顶的，如果是房屋着火被烧死的，尸体就会在瓦片或茅草的下面；如果是因为与他人结仇，被人趁机推入火场而烧死的，则其尸体在瓦片或茅草的上面。验看时还要观察尸体的头和脚，也有对应的朝向。

如尸被火化尽，只是灰，无条段骨殖者，勒行人、邻证供状：缘上件尸首[①]，或失火烧毁，或被人烧毁，即无骸骨存在，委是无凭检验。方与备申。

【注释】

①上件：上面所提到的。这里指被火烧得连骨头都找不到的情况。

【译文】

如果尸体被火烧完，只剩灰烬，找不到完整的骨头，应要求行人、邻居、证人出具书面材料：证明上述尸体，或是由于失火烧毁，或是被人放火烧毁，骸骨无存，确实是"无凭检验"。这样处理后才能上报。

凡验被火烧死人，先问原申人：火从何处起？火起时其人在甚处？因甚在彼？被火烧时,曾与不曾救应？仍根究曾与不曾与人作闹？见得端的^①,方可检验。

【注释】

①端的：事情的详细经过或事情的底细。

【译文】

检验被火烧死的尸体,应先问原报案人：火从哪里烧起？死者在起火时处于什么位置？死者为什么在那里？死者被火烧时,有没有人去救他？还要调查死者生前有无与人闹翻脸过？问清底细,才能检验。

或检得头发焦拳^①,头面连身一概焦黑,宜申说：今来无凭检验本人沿身上下有无损伤他故,及定夺年颜形状不得^②。只检得本人口鼻内有无灰烬,委是火烧身死^③。如火烧深重,实无可凭,即不要说口鼻内灰烬。

【注释】

①焦拳：这里指头发被烧得又焦又卷。拳,即卷曲、弯曲。

②定夺：确定。

③委是：确实是。

【译文】

关于头发焦卷、头面与身体均烧得一片焦黑的尸体检验,验尸报告应该这样写：现在已无法检验死者全身上下有没有损伤或是否因其他原因死亡,也无法辨认年龄、容貌、人体形状。只能依据检验时发现尸体口鼻腔内有烟灰,确定是被火烧死的。如果烧得更严重,实在没有条件可资检验的,就不要写口鼻腔内有灰烬了。

廿七　汤泼死

【题解】

汤泼即烫伤，现代临床上烫伤较为常见，但因烫伤而致死的则比较少见，所以法医学中有关烫伤的检验鉴定并不多见。本节关于汤泼伤的描述虽然不多，但仍讲到了汤泼伤的主要特征"疱"，并对不同情况的疱进行了鉴别：如果是跌进汤火里，大多是扑倒下去，此时，主要烫伤手脚、头面、胸前；如果是被殴打或被头撞、脚踢、手推到汤火里，则两腘窝、臀部和被打伤部位起疱不明显，与其他被烫之处有所不同。这表明宋慈在汤泼伤的鉴别上有一定的独到之处。

凡被热汤泼伤者，其尸皮肉皆拆[①]，皮脱白色，着肉者亦白，肉多烂赤。如在汤火内，多是倒卧，伤在手足、头面、胸前。如因斗打或头撞、脚踏、手推在汤火内，多是两后腘与臀腿上。或有打损处，其疱不甚起，与其他所烫不同。

【注释】

①拆：裂开，绽开。

【译文】

被滚热的开水烫死的，尸体皮开肉绽，表皮剥脱呈白色，滚水直接烫伤处的皮层也呈白色，肌肉多呈烂红色。如果是跌进汤火里，大多是扑倒下去的，此时主要烫伤手脚、头面、胸前。如果打斗时被人头撞、脚踢、手推到汤火里的，则烫伤多在两腘窝和臀部、腿部。如果有被打伤的部位，则该伤处起疱不明显，与其他部位的烫伤有所不同。

廿八　服毒

【题解】

　　无论是过去还是现在,中毒都是法医学检验鉴定中的一个重要内容,也是一个难点。毒物种类繁多,形状各异,不同的毒物中毒、同一毒物进入机体的不同途径,以及中毒后经过时间的长短,其中毒症状、体征有别,尸检所见变化也不一样。同时,不同的毒物也可以出现类似的中毒症状;有的中毒症状又与某些疾病的症状相似。此外,在不同的年代、不同的地方,由于性别、年龄和生活习惯上的差异,其常见的中毒原因和方式也是多种多样。本节介绍了部分毒物中毒及其检验方法。包括有毒植物和真菌,如莽草、钩吻和毒蕈;有毒昆虫,如斑蝥;有毒重金属和矿物类,如砒霜;以及酒中毒等。这些均是较常见的毒物。

　　由于绝大部分毒物中毒致死的尸检病理变化无特异性,故除极少数毒物中毒外,仅根据毒物中毒死亡后的尸检病理变化不能确定其是何种毒物中毒,有时甚至不能确定是否为中毒死。只有通过毒物化验,检出的毒物达到该毒物的致死量,特别是中毒血浓度,并结合临床表现和死亡经过综合分析,方可鉴定为该毒物中毒。本节中提到的几种毒物中毒的变化并无大的差别,当然也就没有什么特异性。但文中讲到的一些关于中毒的检验鉴定方法和原则仍然有重要意义。例如,"年老体弱的人服毒,少量即可致命""应与其他证据互相印证才能确定""服毒检验时,应于死者衣服上、坐处寻找残余药及盛药器皿"等。

　　限于当时的社会发展程度和科学技术水平,人们不可能对这些毒物有较全面的认识和理解;也不可能有较高水平和准确的检测手段或方法来进行检验。因此,本节所讲的关于毒物检验的具体方法存在明显不足,有的甚至是错误的。如"银叉验毒"的方法就缺乏科学根据。

　　凡服毒死者[①],尸口眼多开,面紫黯或青色,唇紫黑,手足指甲俱青黯，口、眼、耳、鼻间有血出。

【注释】

①毒：何为"毒"，何为"毒物"，何为"中毒死"，并没有一个很好的定义。一般认为，对生物体有危害的性质或有这种性质的东西，称为"毒"，"毒物"由此而命名。但这种解释比较模糊，显然不能令人满意。法医学中一般认为，能以较小剂量通过化学作用引起机体健康损害的物质称毒物。但以何为"较小剂量"，不易界定标准，如医学上很小剂量的砷、汞对人体无害，但长期使用会蓄积中毒；食盐、水是人体必须每天摄入的，但对患有某些疾病的人来说，摄入量很小就会中毒。

【译文】

通常来说服毒而死的，这类尸体的口、眼大多开着，面部呈乌紫或青灰色，口唇呈紫黑色，手脚指甲均呈青黑色，有时口、眼、鼻、耳会出血。

甚者，遍身黑肿，面作青黑色，唇卷发疱，舌缩或裂拆，烂肿微出，唇亦烂肿或裂拆，指甲尖黑，喉、腹胀作黑色、生疱，身或青斑，眼突，口、鼻、眼内出紫黑血，须发浮不堪洗。未死前须吐出恶物①，或泻下黑血②，谷道肿突③，或大肠穿出。

【注释】

①恶物：古人把呕吐物、排泄物等称"恶物"。

②黑血：黑便或便血。

③谷道：肛门。

【译文】

严重中毒的尸体，浑身黑肿，面部呈青灰色，口唇翻卷、起疱，舌头卷缩或裂开,肿烂且微微伸出,唇部也肿烂或绽裂,指甲尖发黑,喉部、腹部膨胀呈青黑色、起疱,有的身上有青斑,眼睛突出,可以看到口、鼻、眼出紫黑色的血,头发、胡须蓬乱乃至不能承受清洗。死者生前通常会呕吐出脏东西,或者排出黑便,肛门外凸,甚至于大肠脱出肛门。

有空腹服毒,惟腹肚青胀而唇、指甲不青者;亦有食饱后服毒,惟唇、指甲青而腹肚不青者;又有腹脏虚弱老病之人,略服毒而便死,腹肚、口唇、指甲并不青者,却须参以他证。

【译文】

空腹服毒的,只有腹部发青肿胀而口唇、指甲不发青;也有吃饱后服毒的,只有口唇、指甲发青而腹部不发青;也有年老体弱患病的人服毒,少量即可致命,腹部、口唇、指甲不发青,这种情况时应与其他证据互相印证才能确定是服毒。

生前中毒,而遍身作青黑,多日皮肉尚有,亦作黑色。若经久,皮肉腐烂见骨,其骨黪黑色①。

死后将毒药在口内假作中毒②,皮肉与骨只作黄白色。

【注释】

①黪(cǎn):浅青黑色。

②死后将毒药在口内假作中毒:即死后灌药伪装中毒。

【译文】

生前中毒的尸体,浑身呈青黑色,间隔多日皮肉尚存的,仍呈黑色。如果时日长久,尸体腐烂后露出骨头,则其骸骨呈浅青黑色。

人死之后将毒药灌入其口中伪装成中毒的,死者的皮肤、肌肉和骨头没有中毒死的特征而呈黄白色。

凡服毒死，或时即发作，或当日早晚，若其药慢，即有一日或二日发^①。或有翻吐，或吐不绝。仍须于衣服上寻余药，及死尸坐处寻药物、器皿之类^②。

【注释】

①发：即发作，指隐伏而突然爆发或起作用，这里指毒性发作。

②于衣服上寻余药，及死尸坐处寻药物、器皿之类：意思是说，可以在死者衣服、死者坐的地方（可能呕吐）和盛药器皿（可能未喝完）之类的地方寻找毒物残渣。

【译文】

因服毒而死的，有的服毒后立即发作，有的当天晚些发作，如果药性慢，也有间隔一日、二日发作的。有时会出现翻胃呕吐，甚至呕吐不止。检验时应在死者衣服上寻找药物残留，以及在尸体所处位置寻找药物、盛过药物的器皿之类的东西。

中虫毒^①，遍身上下、头面、胸心并深青黑色，肚胀，或口内吐血，或粪门内泻血^②。

【注释】

①中虫毒：被毒虫咬伤。

②粪门：肛门。

【译文】

中虫毒死亡的尸体，浑身上下、面部、胸部均呈深青黑色，腹部膨胀，有的从口中吐血，有的经肛门便血。

鼠莽草毒[1]，江南有之。亦类中虫[2]，加之唇裂，齿龈青黑色。此毒经一宿一日，方见九窍有血出。

【注释】

①鼠莽草：即莽草，又叫山大茴。其毒性成分为莽草毒素、莽草酸等，可中毒而出现呕吐、兴奋、幻觉、昏迷，甚至死亡。明李时珍《本草纲目》："此物有毒，食之能令人迷惘。"

②中虫：即中虫毒。

【译文】

中鼠莽草的毒死的，江南有此毒草。尸体特征类似中虫毒死亡的，还可以见到口唇绽裂，牙龈呈青黑色。这种毒过一个昼夜，才会在眼、口、耳、鼻、阴道、肛门等九窍有血流出。

食果实、金石药毒者[1]，其尸上下或有一二处赤肿，有类拳手伤痕，或成大片青黑色，爪甲黑，身体肉缝微有血，或腹胀，或泻血。

酒毒，腹胀，或吐、泻血。

【注释】

①金石药：泛指有毒重金属、矿物质。明李时珍《本草纲目》把药物分为金石、草木、果菜、虫鱼、禽兽五类加以介绍。金石类里毒物主要有金、银、朱砂银、铅、水银、雄黄、砒石（砒霜）等。

【译文】

因食用有毒植物果实、重金属、矿物质中毒致死的，尸体全身上下可能出现一两处红肿，类似被击打的伤痕，有的出现成片的青紫，指甲发黑，体表可见点状出血，有的腹部膨胀，有的便血。

中酒毒死的，腹部膨胀，有的吐血、便血。

砒霜、野葛毒①，得一伏时②，遍身发小疱，作青黑色，眼睛窨出，舌上生小刺疱绽出，口唇破裂，两耳胀大，腹肚膨胀，粪门胀绽，十指甲青黑。

【注释】

①砒霜：也称信石，主要成分是三氧化二砷（As_2O_3），有剧毒。野葛：即钩吻，又称胡蔓藤、断肠草、火把花等。全草有毒，根和叶毒性最大，春夏季叶的嫩芽毒性极强。

②一伏时：一顿饭的时间。

【译文】

因服食砒霜、野葛中毒的，约经一顿饭的时间，全身上下出现许多小疱，尸体呈青黑色，眼睛突出，舌头上有小刺疱、绽裂，口唇裂开，双耳胀大，腹部膨胀，肛门胀裂，十指呈青黑色。

金蚕蛊毒①，死尸瘦劣，遍身黄白色，眼睛塌，口齿露出，上下唇缩，腹肚塌。将银钗验②，作黄浪色，用皂角水洗不去。一云如是：只身体胀，皮肉似汤火疱起。渐次为脓，舌头、唇、鼻皆破裂，乃是中金蚕蛊毒之状。手脚指甲及身上青黑色，口鼻内多出血，皮肉多裂，舌与粪门皆露出，乃中药毒、菌蕈毒之状③。

【注释】

①金蚕蛊：指斑蝥，亦称斑猫。鞘翅目、芫菁科昆虫。有毒，其毒素的主要成分为斑蝥素（$C_{10}H_{12}O_4$）。

②银钗：又名银探子，一种纯银制成的验尸工具，长约一尺两寸，圆直如筷而稍细。其是官方用于验尸的法定器具。

③蕈（xùn）：即蘑菇，属真菌。我国毒蕈有80多种。

【译文】

因中斑螯毒而死的，尸体瘦弱，浑身呈黄白色，眼睛凹陷，张口露齿，口唇皱缩，腹部塌陷。用银钗插口检验，呈黄色，用皂角水也洗不掉。另一种说法是：中毒后只全身肿胀，皮肤好像被汤火烫伤一般，发出许多小疱。逐渐化脓，舌头、口唇、鼻子均破裂，这就是中斑螯毒的症状。手脚指甲以及身体呈青黑色，口鼻流血，皮肤龟裂，舌肿、脱肛，这是吃了有毒药物和毒蘑菇的症状。

　　如因吐泻瘦弱，皮肤微黑，不破裂，口内无血与粪门不出，乃是饮酒相反之状。

【译文】

如果由于吐泻瘦弱，皮肤略黑，不破裂，嘴里不流血且肛门也不突出，则是慢性饮酒中毒的症状。

　　若验服毒，用银钗，皂角水揩洗过，探入死人喉内，以纸密封，良久取出，作青黑色，再用皂角水揩洗①，其色不去。如无，其色鲜白。

【注释】

①"用银钗"几句：即用银钗检验毒物的过程。古代投毒多使用砒霜，而由于当时提纯技术落后，砒霜中常残留少量的硫化物，银可与硫和硫化物发生化学反应，生成黑色的硫化银，间接地提示砒

霜的存在，故用于验尸。但人体内的粪便本来就含有硫化氢，尸体腐败也会产生硫化氢，因此银钗验毒极不准确，只对砒霜（或带有硫化物的其他毒物）中毒的新鲜尸体有效。揩洗，擦洗。

【译文】

检验服毒死的尸体，办法是使用银钗，用皂角水将其洗净后插入尸体咽喉部，用纸封住，隔一段时间拿出来，银钗变为青黑色，再次使用皂角水擦洗，青黑的颜色洗不掉。如果不是中毒，则银钗为白色。

如服毒、中毒死人，生前吃物压下，入肠脏内，试验无证①，即自谷道内试②，其色即见。

【注释】

①试验：这里指在口里插银钗。

②自谷道内试：在肛门里插银钗。

【译文】

服毒、中毒死亡的，假如生前又吃下多量食物，则毒物被压向肠里，用银钗插口已测不出来，可改由肛门插入，即能显现青黑色。

凡检验毒死尸，间有服毒已久，蕴积在内，试验不出者。须先以银或铜钗探入死人喉，讫，却用热糟醋自下罨洗，渐渐向上，须令气透，其毒气熏蒸，黑色始现。如便将热糟醋自上而下，则其毒气逼热气向下，不复可见。或就粪门上试探，则用糟醋当反是。

【译文】

检验毒死尸体，有服毒太久，毒物在胃肠里，用银钗检验不出来的。

可先把银钗或铜钗插入死者喉部，做完后，用热酒糟、热醋从下腹部开始洗敷，逐渐向上敷，应使热气透入尸体内部，使毒气上升，从而使银钗上显现黑色。如果用热酒糟、热醋自上而下反向热敷，则毒气被热气逼着向下，则见不到银钗变色。但如果把银钗插入肛门中检验，则从上往下敷就对了。

又一法，用大米或占米三升炊饭①，用净糯米一升淘洗了，用布袱盛，就所炊饭上炊馈②。取鸡子一个③，鸭子亦可④。打破取白，拌糯米饭令匀，依前袱起着在前大米、占米饭上，以手三指紧握糯米饭如鸭子大，毋令冷，急开尸口，齿外放着，及用小纸三五张，搭遮尸口、耳、鼻、臀、阴门之处，仍用新绵絮三五条，酽醋三五升，用猛火煎数沸，将绵絮放醋锅内煮半时取出，仍用糟盘罨尸，却将绵絮盖覆。若是死人生前被毒，其尸即肿胀，口内黑臭恶汁喷来绵絮上，不可近。后除去绵絮，糯米饭被臭恶之汁亦黑色而臭，此是受毒药之状。如无，则非也。试验糯米饭封起，申官府之时，分明开说。此检验诀，曾经大理寺看定⑤。

【注释】

①占米：黏米。

②馈（fēn）：蒸熟。

③鸡子：鸡蛋。

④鸭子：鸭蛋。

⑤大理寺：宋朝强化中央司法集权，在中央专门负责审判监督并享有最后判决权的机构为"大理寺"。宋朝实行审、判分司制，即把案件的审问与判决分两个不同机构办理。如京师狱讼，以开封府

或御史台为审问机构称"狱司"，以大理寺和刑部为判决机构称
"法司"。

【译文】

还有一个办法，用大米或黏米三升做成米饭，再将纯糯米一升淘洗，
用炊布包好，叠在已做好的米饭上蒸熟。再拿一个鸡蛋，鸭蛋也行。打破
后取蛋清，与糯米饭拌匀，仍然用包糯米饭的炊布包好放在之前做好的
大米饭、黏米饭上，用三个手指头将糯米饭捏成鸭蛋大小的饭团，不要使
其冷却，赶紧掰开死者的嘴巴，趁热把糯米饭团塞在其牙齿之前，并用三
五张小纸，封住尸体的口、耳、鼻、肛门、阴道口等部位，再用新绵絮三五
条，浓醋三五升，用猛火把醋煮开，把绵絮放入锅里煮半个时辰，用酒糟
遍敷尸体后，把经醋煮处理的绵絮紧盖在尸体上。如果死者生前是中毒
身亡，尸体就会肿胀起来，从嘴里喷出黑臭的液体在绵絮上，使人难以
靠近。之后除去绵絮，糯米饭团上沾了许多脏液体也变成黑色并带有恶
臭，这是中毒的证据。如果没有这些情况，就不是中毒致死。用来做检
验的糯米饭团应使用器皿盛着封存，上报官府的时候，要附上试验说明。
这种中毒检验的方法，已经由大理寺审查认可。

广南人小有争怒赖人①，自服胡蔓草②，一名断肠草，形
如阿魏③，叶长尖，条蔓生，服三叶以上即死。干者或收藏
经久，作末食亦死。如方食未久，将大粪汁灌之可解④。其
草近人则叶动。将嫩叶心浸水，涓滴入口，即百窍溃血。其
法：急取抱卵不生鸡儿⑤，细研和麻油开口灌之⑥，乃尽吐出
恶物而苏。如少迟，无可救者。

【注释】

①广南：泛指岭南地区。

②胡蔓草：即钩吻。

③阿魏：多年生草本植物，可入药。

④将大粪汁灌之可解：利用粪便的强烈臭味刺激人体条件反射的催
　　吐方法。

⑤抱卵不生鸡儿：还没有孵化出来的在蛋壳内的雏鸡。

⑥细研和麻油开口灌之：利用没有孵化出来的雏鸡的强烈臭味催吐。

【译文】

　　广南有个人因为争执而诬陷对方，自己服下了胡蔓草，也称断肠草，
外形类似阿魏，叶片又长又尖，枝条蔓生，服用三片叶子以上就会死亡。
其草晒干、久藏，研磨成粉后服下仍可致命。如果吃下不久，就灌入大粪
汤催吐可以解救。这种草在人走近时会摇动叶子。它的嫩叶心浸出液，
喝下几滴，就会口鼻流血而死。解救方法：迅速找来没有孵化出的雏鸡，
捣烂研磨后用麻油调拌，撬开中毒者的嘴巴灌入，使中毒者吐出毒物而
苏醒。稍慢一些，就无药可救了。

廿九　病死

【题解】

　　"病死"，即因病而死。一般来说，已明确是因病而死的，不需要进
行法医学检验鉴定。但是，对于没有确定是因病而死，或者怀疑不是病
死，而有可能是非正常死亡的，就需要进行法医学尸体检验，以查明死
因、解除怀疑。病死按死亡时间可大致分为两类：一是死亡发生得较快，
从发病到死亡时间在24小时以内者，称为猝死；二是发病超过24小时
的死亡，就是通常所说的病死，有的可长达数月，甚至数年才死亡。后者
因患病时间长，不易引起怀疑或法律纠纷；而对于猝死者，则因其死亡突
然，容易引起人们的怀疑，甚至产生法律纠纷。如那些在发生纠纷过程
中因受伤或精神紧张、情绪激动等因素诱发猝死者，易被怀疑是被人打

死；在诊治过程中发生的死亡则易被怀疑是医疗事故，所以要进行法医学尸体检验。

由于疾病的多样性和复杂性，不同疾病的临床表现不一，几种疾病又可能产生类似、甚至相同的临床症状和体征，故在没有多种辅助检查手段和尸体解剖的年代，要鉴别是何种疾病致死是有相当大的难度的。本节中讲述了几种疾病的死亡表现，其中，有些是有一定道理的，如"脑溢血死亡的病人，尸体多肥胖""黄疸型急性肝炎死亡的病人，浑身泛黄""有的中风病人会抽搐，口眼歪斜明显，手脚屈曲，四肢萎缩，也流有涎沫"等。但也有些因无特异性难以确定，如"突然呼吸困难昏倒死亡的，肌肉不萎缩，口鼻中有涎沫，面色红紫"等。大量医学研究表明，只作尸表检查、不做尸体解剖是不能真正查明死因的。而把中暑、冻死和饿死等列入"病死"一节讲述，按照现代法医学的观点和分类方法来看，也是不科学的，因为这些死亡与"病死"有别，不应归为因病而死的范畴之内。将其归入本节，可能是由于这些死亡不同于前述的一些损伤、中毒等暴力致死那样，有外来的暴力因素作用，而与病死有类似之处。

对于各种"病死"，都必须在排除暴力死的前提下，根据检验所见，结合案情调查、现场勘查和辅助检验结果等进行综合分析，才能得出鉴定结论，以免出错。

凡因病死者①，形体羸瘦②，肉色痿黄③，口眼多合，腹肚低陷，两眼通黄，两拳微握，发髻解脱，身上或有新旧针灸瘢痕，余无他故，即是因病死。

【注释】

①病死：即指各种内外原因使人机体出现严重不正常的状态而病故。病，指各种内外原因使人出现生理上或心理上不正常的状态。本节列举了中风、卒死、伤寒、时气、中暑、冻死、饿死等情

况,其分类有一定的道理,也与定义吻合。按现代法医学分类,中暑、冻死、饿死等不归入"病死"。

②羸(léi):瘦弱。

③肉色:肤色。

【译文】

因病去世的人,身体瘦弱,肤色枯黄,口眼大多闭合,腹部凹陷,巩膜黄染,两手微握,头发散乱,身上可能有新旧针灸疤痕,没有发现其他异常表现的,就是因病死亡。

凡病患求乞在路死者,形体瘦劣,肉色痿黄,口眼合,两手微握,口齿焦黄,唇不着齿。

【译文】

凡是患病乞讨死在路上的,往往身体瘦弱,肤色枯黄,口眼闭着,两手微握,牙齿焦黄,口唇遮不住牙齿。

邪魔中风卒死①,尸多肥,肉色微黄,口眼合,头髻紧,口内有涎沫,遍身无他故。

【注释】

①邪魔中风卒死:相当于现今所说的脑中风、脑溢血死亡。

【译文】

脑中风、脑溢血死亡的病人,尸体多肥胖,皮肤略黄,口眼闭着,头发不乱,口中有涎沫,全身上下没有其他异常表现。

卒死,肌肉不陷,口鼻内有涎沫,面色紫赤。盖其人未死时,涎壅于上①,气不宣通,故面色及口鼻如此。

【注释】

①壅(yōng):阻塞。

【译文】

　　突然呼吸困难昏倒死亡的,肌肉不萎缩,口鼻中有涎沫,面色红紫。这是因为病人在还没有死时,痰多堵塞,呼吸受阻,所以面色及口鼻的情状如此。

　　卒中死,眼开睛白,口齿开,牙关紧,间有口眼㖞斜①,并两口角、鼻内涎沫流出,手脚拳曲。

【注释】

①口眼㖞(wāi)斜:即口眼歪斜。

【译文】

　　突然中风死亡的病人,眼睛张开、巩膜发白,唇齿露,牙关紧闭,有的会口眼歪斜,同时在两嘴角、鼻子中流出涎沫,手脚卷缩。

　　中暗风,尸必肥,肉多滉白色①,口眼皆闭,涎唾流溢。卒死于邪祟,其尸不在于肥瘦,两手皆握,手足爪甲多青。或暗风如发惊搐死者,口眼多㖞斜,手足必拳缩,臂腿手足细小,涎沫亦流。以上三项大略相似,更须检时仔细分别。

【注释】

①滉(huàng):水深而广。这里指肥胖脂肪多的人。

【译文】

中风死亡的,尸体大多肥胖,皮下脂肪多而呈白色,口眼闭着,口角流涎。突然呼吸困难昏倒死亡的人,尸体肥、瘦都有,两手握拳,手脚指甲发黑。有的中风病人会抽搐,口眼歪斜明显,手脚屈曲,四肢萎缩,也流有涎沫。以上三种病的症状大体差不多,应在检验时仔细分析。

伤寒死①,遍身紫赤色,口眼开,有紫汗流,唇亦微绽,手不握拳。

【注释】

①伤寒:古人称传染病为伤寒、时行、温疫。晋葛洪《肘后备急方》:"伤寒、时行、温疫,三名同一种耳。"东汉末张仲景总结急性传染病症候及其治疗方法写成《伤寒论》。

【译文】

患传染性疾病死亡的人,浑身呈紫红色,口眼开着,有"紫汗"流出,口唇燥裂,手不握拳。

时气死者①,眼闭口开,遍身黄色,略有薄皮起,手足俱伸。

【注释】

①时气:时疫,传染病。文中介绍的是黄疸型急性传染性肝炎死亡。

【译文】

患传染性疾病中黄疸型急性肝炎死亡的人,眼睛闭、口张开,浑身泛黄,表皮有些脱落,四肢伸直。

中暑死①,多在五、六、七月,眼合,舌与粪门俱不出,面黄白色。

【注释】

①中暑：烈日或高温环境下，体温调节失调，体内热不能向外散发，积聚而发生高热致死。中暑有日射病和热射病两种。

【译文】

中暑死亡，大多发生在农历五、六、七月的大热天，尸体眼睛闭合，舌头不伸、肛门不脱，面部呈黄白色。

冻死者①，面色痿黄，口内有涎沫，牙齿硬，身直，两手紧抱胸前，兼衣服单薄。检时，用酒、醋洗，得少热气，则两腮红，面如芙蓉色②，口有涎沫出，其涎不粘。此则冻死证。

【注释】

①冻死：寒冷能使人体的产热量增加，在正常情况下，人体通过体温调节或人为的方法得以维持恒温，但若超过这一限度，由于体温持续下降，可引起全身功能障碍而死，这就是冻死。除尸斑外观颜色鲜红外，冻死的尸体上还可见到冻伤、反常脱衣现象、维斯涅夫斯基斑等法医学尸体改变。

②两腮红，面如芙蓉色：两面颊泛红，好像芙蓉花的颜色一样。冻死的尸体，因为皮肤中的脱氧血红蛋白变为氧合血红蛋白，而氧合血红蛋白呈鲜红色，所以有文中描述的"两腮红，面如芙蓉色"的现象。

【译文】

冻死的人，面色枯黄，口有流涎，牙关紧闭，尸体僵硬，两手紧抱前胸，并且衣服单薄。检查时，用酒、醋擦洗，当尸体得到一些热气后，就两面颊泛红,好像芙蓉花的颜色一样,口有流涎,但不粘稠。这就是冻死的特征。

　　饥饿死者,浑身黑瘦、硬直,眼闭口开,牙关紧禁,手脚俱伸。

【译文】

　　由于饥饿致死的,浑身黑瘦、尸体僵硬,闭眼张口,牙关紧闭,四肢伸直。

　　或疾病死,值春、夏、秋初,申得迟,经隔两三日,肚上脐下,两胁肋骨缝,有微青色。此是病人死后,经日变动,腹内秽污发作,攻注皮肤,致有此色①。不是生前有他故,切宜仔细。

【注释】

①"经隔两三日"几句:这里指的是早期尸体腐败现象——尸绿。
　　这是由于肠道中的腐败气体硫化氢与血液中的血红蛋白及其
　　衍生物结合,形成硫化血红蛋白及硫化铁,透过皮肤呈污绿色的
　　缘故。

【译文】

　　有时因病死亡的情况,发生在春季、夏季、秋初,死后报案晚了,隔了两三天,在尸体的肚脐上下,两季肋区,出现淡淡的尸绿。这是病人死后,经过一些时间尸体自身发生的变化,腹腔内部发生腐败,发散到皮肤上,导致出现这种颜色。这并不是因为生前被害,检验时要注意仔细区别。

　　凡验病死之人，才至检所，先问原申人：其身死人来自何处？几时到来？几时得病？曾与不曾申官取责口词①？有无人识认？如收得口词，即须问：原患是何疾病？年多少？病得几日方申官取问口词？既得口词之后，几日身死？如无口词，则问：如何取口词不得？若是奴婢，则须先讨契书看，问：有无亲戚？患是何病？曾请是何医人？吃甚药？曾与不曾申官取口词？如无，则问不责口词因依，然后对众证定；如别无他故，只取众定验状，称说：遍身黄色，骨瘦，委是生前因患是何疾致死。仍取医人定验疾色状一纸②。如委的众证因病身死分明，原初虽不曾取责口词，但不是非理致死，不须牒请复验。

【注释】

①取责口词：宋朝法律规定，在外地病重无家属在场、奴婢和囚犯病重，应该对其负责的人必须报官，由官员取得笔录。这样做的目的有两个：其一，可以了解病人是否受伤或受到虐待，有利于死后检验；其二，取口词是法律程序，凡没有取口词而病死的，没有特殊情况，初验后必须复验，以保证死亡不是"非理死"。

②色状：类似于就医时的"病历登记"，主要内容是病人的病名、症状、所用汤药等。

【译文】

　　凡是需要对病死者进行验尸的，检验官员到达现场后，先问原报案人：病死者来自何处？何时来的？什么时候生病的？病重时有没有做过病人亲口陈述的笔录？有谁认识病人？如果有病人的口述笔录，就应问：病人患何病死亡？年纪多大？病后多久才报案录口述？录完口述之后，多久死亡的？如果生前未向官府报案做口述笔录，则应问：为何没有录得口述？如果是奴婢，则要先取得卖身契书验看，问：死者有没有亲戚？患了什么病死亡的？有没有请过医生看病？服用过什么药物？有没有向官府报请做过口述笔录？如果没有，则要问为什么不报请做口述笔录，然后当众检验；如果没有其他可疑的地方，就以在场人所见写明验尸报告，写上：死者浑身呈黄色，身体瘦弱，确实是由于生前患某病致死。同时要取得医生的疾病证明书一并附卷上报。如果各种证据均表明死者确实因病而死，则虽然其患病时没有做过口述笔录，也能证明不是非正常死亡，这类情况不需要再请官复验了。

三十　针灸死

【题解】

"针灸"是中医的专业术语，通过扎针灸进行治疗是中医的一个重要的治疗方法。针灸治病一般不会对病人造成损伤或危害，但也偶见因方法不当或针刺过度而致人死亡者，如针刺胸部不当刺破胸膜而发生气胸致死等。以现在的观点来看，这种情况不属于刑事犯罪，而只是医疗事故，且应给予赔偿。

　　须勾医人验针灸处①，是与不是穴道，虽无意致杀②，亦须说显是针灸杀，亦可科医不应为罪③。

【注释】

①勾：捉拿，拘捕。

②无意致杀：非故意致人死亡。

③不应为罪：罪名的一种。《宋刑统》规定：诸不应得为而为之者，笞四十。（谓律令无条，理不可为者。）事理重者，杖八十。

【译文】

必须捉拿医者验明其施针灸处，看是不是穴位，虽然是非故意所为而致人死亡，但也必须申说这是明显的针灸致人死亡，也可以"不应为罪"的罪名对医生进行惩罚。

三十一　劄口词

【题解】

劄口词即记录口供，是关于制作病人口述笔录的，其内容相当于现今案情调查中的询问笔录。宋慈用一个章节专门写"劄口词"，足见他对制作病人口述笔录的重视程度。他强调"要防止所报病重的人，不是病人本人。或许有人以其他病人替代作口述笔录，官员查问时，代作口述笔录的人说假话掩饰，一时难辨真伪。"这对今天的案情调查也有警示作用。

凡抄劄口词①，恐非正身②，或以它人伪作病状，代其饰说，一时不可辨认。合于所判状内云：日后或死亡申官，从条检验。庶使豪强之家③，预知所警。

【注释】

①劄（zhá）口词：即记录口供、制作病人口述笔录。劄，书写。口词，口供。

②正身：病人本人。

③庶：也许，或许。

【译文】

凡是制作病人口述笔录，要防止所报病重的人不是病人本人，或者以其他人伪装生病的样子，替代病人本人做矫饰过的口述笔录，这种情况一时难辨真伪。此时应在口述笔录上写：日后如果死亡报官，依照条令规定进行检验。这样做或许可以使有权势而强横的人家，预先有所顾忌。

卷之五

三十二　验罪囚死

【题解】

罪囚，即监狱中的犯人。文中并未直接讲述如何检验"罪囚死"，但却强调狱中在押犯人非正常死亡的案件应直接上报提刑司，申报文件应立即交付驿站传递。可见当时对狱中在押犯人非正常死亡的案件非常重视。

凡验诸处狱内非理致死囚人^①，须当径申提刑司^②，即时入发递铺^③。

【注释】

①非理致死囚人：非正常死亡的犯人。

②提刑司：提点刑狱司的简称，路一级的最高司法机构。

③递铺：驿站。

【译文】

凡是各地检验狱中在押犯人的非正常死亡，检验完毕应直接向提刑司申报，申报文件立即发交驿站传递。

三十三　受杖死

【题解】

杖刑是宋朝的“五刑”之一，使用较多，有时受刑者会因受杖刑而死，故宋慈在此单独列出一节专讲“受杖死”，相当于现代法医学钝器伤中的棍棒伤、因棍棒打击受伤而死。

宋朝法律适用“折杖法”，除大辟（死刑）外，笞、杖、徒、流均可折合成杖刑而减轻刑罚。《宋刑统》记载：原笞刑十至五十下的分别折臀杖七至十下；原徒刑一至三年的，折背杖十三至二十下；原流刑二千至三千里的，折背杖十七至二十下，并配役一至三年。折杖法的实施，虽然缓和了一些矛盾，但使受杖刑而死的人数增加了。宋朝的杖叫“官杖”，因统一使用荆木，也叫“荆杖”。杖的规格也有规定，沿用五代后周显德五年（958）的标准，长三尺五寸，厚九分，以杖的宽度分小杖和大杖。

对因杖刑而死的尸体的检验，文中写得非常具体。不仅要检查受刑部位伤痕的宽窄，还要查看是哪些部位受伤，如男性阴囊、女性外阴以及两季肋区、腰部、小腹等处；不仅要看这些部位有没有皮下出血，还要检查创痕周围的化脓感染和皮肉溃烂情况；并特别说明应尤其注意“讯腿杖”，当时有以刑杖打腿而伤及睾丸者，睾丸受伤可致死亡。这些既包括了现代法医学上检验皮肤软组织大面积受伤导致的创伤性休克、失血性休克死亡和挤压综合征死亡，也包括了因损伤所致的继发性感染问题，后者可因感染中毒性休克死亡。而因睾丸受伤导致的死亡则与睾丸受伤引起的神经反射性“心脏抑制死”相吻合。虽然文中没有解释其原因，但从中可见宋慈对这种损伤观察的仔细程度和研究的深度。

定所受杖处疮痕阔狭，看阴囊及妇人阴门，并两胁肋、腰、小腹等处有无血荫痕[①]。

【注释】

①血荫痕：因血液瘀结而隐约显现的印痕。

【译文】

关于受杖刑而死的尸体的检验，要检查受刑部位伤痕的宽窄，要查看男性的阴囊和女性的阴道口，以及两季肋区、腰部、下腹部等处有没有因皮下出血造成的印痕。

小杖痕，左边横长三寸，阔二寸五分；右边横长三寸五分，阔三寸。各深三分。

大杖痕，左右各方圆三寸至三寸五分，各深三分，各有脓水，兼疮周回亦有脓水①，淹浸皮肉溃烂去处。

【注释】

①周回：周围。

【译文】

用小杖打的伤痕，左边的横长三寸，宽二寸五分；右边的横长三寸五分，宽三寸。两边各深三分。

用大杖打的伤痕，左右两边长宽都是三寸到三寸五分，深三分，伤痕上都有脓水，伤痕周围也有脓水，淹浸着皮肉溃烂的地方。

背上杖疮，横长五寸，阔三寸，深五分。如日浅时，宜说：兼疮周回有毒气攻注①，青赤、䐢皮、紧硬去处②。如日数多时，宜说：兼疮周回亦有脓水，淹浸皮肉溃烂去处③，将养不较，致命身死。

又有讯腿杖，而荆杖侵及外肾而死者④，尤须细验。

【注释】

①攻注：侵入，攻入。

②毿（tà）皮：脱皮。毿，皮凸起。《集韵·曷韵》："毿，皮起。"紧硬：指皮下出血、肌肉间出血、水肿渗出严重，出现肿胀、皮肤发亮、触之坚硬的现象。这种情况表明皮下聚积有大量血液。宋慈在文中还说，这种死亡是在"日浅时"，即伤后不久。现代医学研究表明，大面积皮下、肌肉间出血可在短时间内（24小时）致失血性休克、创伤性休克死亡。

③兼疮周回亦有脓水，淹浸皮肉溃烂去处：伤后时间较长而死亡的，伤口周围会出现化脓感染和皮肉溃烂。现代医学研究表明，如果大面积皮下、肌肉间出血，伤后时间长（如超过24～48小时）、出现肾衰的，应考虑挤压综合征死亡；如果有化脓、溃烂，可考虑继发性感染死亡。

④荆杖：荆木制成的刑杖。外肾：即睾丸。

【译文】

背部被杖打的创痕，横长五寸，宽三寸，深五分。如果是受杖刑不久就死亡的，验尸报告上应写：创痕周围有毒气侵入，有呈青红色、脱皮、肿胀坚硬的部位。如果是受杖刑数日之后才死亡的，验尸报告上应写：创痕周围也有脓水，淹浸着皮肉溃烂的地方，未能调养好，导致死亡。

还有审讯时用刑杖打腿，因荆杖打伤睾丸而死的，尤其要仔细检验。

三十四　跌死

【题解】

跌死，即高坠死，是法医学上较常见的损伤和死亡原因之一。宋慈对跌死写得非常精辟，不仅点明了高坠伤"外轻内重"的特点，还重点描述了高坠死时现场勘查的主要内容，包括坠落高度、失足处痕迹、坠落着地处的痕迹和树枝挂绊、掰折的痕迹等。并分析如果内脏受了致命伤，则口、眼、耳、鼻内一定会有血流出。这些内容与我们今天关于高坠死的描述基本一致。

　　凡从树及屋临高跌死者，看枝柯挂掰所在，并屋高低，失脚处踪迹，或土痕高下，及要害处须有抵隐或物擦磕痕瘢。若内损致命痕者①，口、眼、耳、鼻内定有血出②。若伤重分明，更当仔细验之，仍量扑落处高低丈尺。

【注释】

①内损：即内部损伤。法医学上，高坠伤的特点是"外轻内重"，即体表损伤较轻，而体内骨骼系统、颅脑、胸腔、腹腔内器官损伤严重。

②口、眼、耳、鼻内定有血出：造成口、眼、耳、鼻出血的原因可能颅脑损伤、颅底骨折等。

【译文】

　　凡是从树上、屋顶上等高处跌落而死的，要检查树枝挂绊、掰折在什么地方，以及屋顶的高低，失足处的痕迹，跌落着地处的痕迹，以及死者的要害部位应有的隐伤或是被其他物体擦破磕伤的瘢痕。若是身体内部受了致命伤，那么口、眼、耳、鼻内一定会有血流出。如果伤势严重的情况很明显，更要仔细检验，仍要测量出跌落处的高度尺寸。

三十五　　塌压死

【题解】

　　"塌压死"是指被倒塌的重物压死，这样的损伤现在称为挤压伤。因受挤压的部位和程度不同，挤压伤所致死亡的机制也不同。重要器官的严重损伤，如致头颅挤压变形，可当即导致死亡。挤压导致大面积软组织挫伤、出血，在24小时内死亡的，一般是死于创伤性休克；如在24～48小时后死亡，则是死于急性肾小管坏死所致的急性肾功能衰竭。宋慈在文中所讲的"塌压死"显然是指"塌压"重要器官导致的死亡，如"鼻孔会出血，或有脑脊液流出"，"被压伤的地方会有淤血、红肿，皮破的地方四周红肿，有的骨头、筋腱、皮肉都断裂"。并告诉人们"这类死亡必须压在要害部位才能致命，如果没有压在要害部位就不会致命"。这里的要害部位就是指身体的重要器官和重要部位。这类损伤主要是由房屋倒塌、墙体倒塌、石头掉落等所致。在检验报告上还要"写明伤痕的长宽尺寸"。其基本包括了挤压伤检验鉴定的要点。现今，引起挤压伤的原因比宋慈那个时代要复杂得多，特别是由于交通意外或工厂、矿山的生产事故等，应注意鉴别。

　　凡被塌压死者，两眼脱出，舌亦出，两手微握，遍身死血淤紫黲色，或鼻有血，或清水出①。伤处有血荫赤肿，皮破处有四畔赤肿②，或骨并筋皮断折。须压着要害致命，如不压着要害不致死。死后压即无此状。

【注释】

①清水：指脑脊液。

②四畔：四周。

【译文】

　　凡是被倒塌的重物压死的，尸体两眼突出，舌头也会伸出，两手微微握拳，全身皮下淤血而呈紫黑色，有的鼻孔会出血，或有脑脊液流出。被压伤的地方会有淤血、红肿，皮破的地方四周红肿，有的骨头、筋腱、皮肉都断裂。这类死亡必须压在要害部位才能致命，如果没有压在要害部位就不会致命。人死后被压的就没有上述这些特征。

凡检舍屋及墙倒、石头脱落压着身死人,其尸沿身虚怯要害去处,若有痕损,须说长阔分寸,作坚硬物压痕,仍看骨损与不损。若树木压死,要见得所倒树木斜伤着痕损分寸。

【译文】

凡是检验房屋与墙倒塌、石头掉落而压死的人,尸体周身虚软的要害部位如果有伤痕,在验尸报告上要写明伤痕的长宽尺寸,注明系"坚硬物压痕",还要看骨头有没有损伤。如果是被树木压死的,要去看一下倒下的树木是哪个部位压人,比对伤痕大小以确定是否为倒树压伤。

三十六　外物压塞口鼻死

【题解】

因外物压塞口鼻部引起的死亡,是机械性损伤致死的内容之一,俗称"闷死"。虽然此节所用笔墨不多,但检验要点并无遗漏。如闷死者,整个面部呈淤血、青紫、肿胀等机械性窒息征象,肛门突出,大小便失禁,主要表现为头面部的淤血、青紫和肿胀。但由于头面部的淤血、青紫、肿胀并非闷死的特异改变,因此检验这类机械性窒息致死,还要结合尸体解剖和病理切片的检查结果综合分析。

凡被人以衣服或湿纸搭口鼻死,则腹干胀。

若被人以外物压塞口鼻,出气不得后命绝死者,眼开睛突,口鼻内流出清血水,满面血荫赤黑色①,粪门突出,及便溺污坏衣服②。

【注释】

①满面血荫赤黑色：整个面部呈淤血、青紫、肿胀等机械性窒息征象。

②便溺：排泄大小便。

【译文】

凡是被人用衣服或湿纸搭在口鼻上闷死的，腹部干胀。

如果被人用其他东西捂压、塞住口鼻，不能呼吸而闷死的，尸体眼睛张开，眼球突出，口鼻有带血液体流出，整个面部呈淤血、青紫等机械性窒息征象，肛门突出，还会因大小便失禁而弄脏衣物。

三十七　硬物瘾疦死

【题解】

"硬物瘾疦死"是指坚硬物体击伤人体深部隐藏的重要器官（如肝、脾等），损伤后发生的死亡。由于其中部分病例不是在损伤当时致命，而是在伤后发生迟发性器官破裂导致死亡，往往因无开放性损伤而易在受伤时被忽略，因此可以说是一种较特殊的损伤。这在可以进行尸体解剖、直接查明死亡原因的今天并不难，但在没有开展尸体解剖的时代，宋慈就已经注意到这种损伤，是非常难得的。

凡被外物瘾疦死者①，肋后有瘾疦着紫赤肿，方圆三寸、四寸以来，皮不破，用手揣捏得筋骨伤损，此最为虚怯要害致命去处。

【注释】

①瘾疦（shān）：这里指被硬物击伤后体表看到的损伤程度与迟发性脏器破裂致命或深部隐藏脏器损伤不对称。这些脏器是肝、脾、肾脏，它们都有被膜，组织脆，伤后可能导致被膜下血肿或脏

器破裂,可能当场大出血死亡,较多情况下也可能出现迟发性脏
器破裂而致命。由于有肋骨保护,这些情况往往被忽略。

【译文】

凡是被硬物击伤后引起深部脏器迟发性破裂而死亡的,胁肋后方有
被击打顶压导致的紫红肿块,肿块范围在三寸、四寸左右,皮肤不破裂,
用手摸捏,能摸到筋骨的伤损处,此处是最为虚软的要害致命部位。

三十八　牛马踏死

【题解】

踏伤,也称踩踏伤,过去多由牛马踩踏所致,现在因大型活动引发群
体性踩踏伤也偶有所遇。一般轻度或局部非重要器官的踩踏伤不会致
命,只有重要部位或器官的严重踩伤才可能引起死亡。踩踏伤的检验并
不困难,但有时因无目击证人而死亡的,也容易被怀疑为他杀,需要认真
鉴别。所以,宋慈在文中明确指出"被踩到要害部位就会死亡,有骨折,
肠子流出体外","如果只是被撞倒,或没有踩在要害处,就会皮肤破裂、
体表有紫黑色出血斑、深部肌肉有血肿,但不至于死亡","驴蹄踩踏的伤
痕要小一些","被牛角顶伤,即使皮没有破,伤痕也是红肿的。被顶的部
位多在心口、胸前,或在下腹部、两季肋区,但也不局限在这些地方"。这
些都是对如何检验鉴定踩踏伤的精辟描述。

凡被马踏死者,尸色微黄,两手散,头发不慢^①,口鼻中
多有血出,痕黑色。被踏要害处便死,骨折,肠脏出;若只筑
倒^②,或踏不着要害处,即有皮破瘾赤黑痕^③,不致死。驴足
痕小。

【注释】

①慢：松弛，松散。

②筑倒：撞倒。

③瘾赤黑痕：指深部出现肌肉血肿，而体表只能看到紫黑色的出血斑。

【译文】

凡是被马踩踏死的，尸体皮肤微黄，两手散在两侧，头发不散，口鼻中多有血流出，被踩的地方呈黑色。被踩到要害部位就会死亡，有骨折，肠子流出体外；如果只是被撞倒，或没有踩在要害处，就会皮肤破裂、体表有紫黑色出血斑、深部肌肉有血肿，但不至于死亡。驴蹄踩踏的伤痕要小一些。

　　牛角触着^①，若皮不破，伤亦赤肿。触着处多在心头、胸前，或在小腹、胁肋，亦不可拘。

【注释】

①触：用角顶。

【译文】

被牛角顶伤，即使皮没有破，伤痕也是红肿的。被顶的部位多在心口、胸前，或在下腹部、两季肋区，但也不局限在这些地方。

三十九　车轮拶死

【题解】

车轮拶死，是指被车轮碾压致死，属于道路交通事故，但数百年前的交通与今天的交通不可同日而语。那时使用的车为畜力木质车轮的车；现代的道路交通工具则是以机动车为主。因此，无论是其损伤的部位、类型，还是损伤的程度、范围，都与今天的交通事故损伤有很大差别。

凡被车轮拶死者^①，其尸肉色微黄，口眼开，两手微握，头髻紧。

凡车轮头拶着处，多在心头、胸前，并两胁肋。要害处便死，不是要害不致死。

【注释】

①拶（zā）：挤压，碾压。

【译文】

凡是被车轮碾压死的，尸体皮肤略黄，嘴巴和眼睛都张开，两手微握拳，发髻不散。

通常被车轮迎面碾压的部位，多在心口、前胸，以及两季肋区。碾压到要害部位就会死亡，不是要害部位不至于死亡。

四十　雷震死

【题解】

被雷电所击而死称"雷震死"，是一种由自然灾害导致的意外死亡，古今中外都有发生。文中特别提到被雷电烧着处皮肉坚硬紧缩，身上衣服被烧烂，身上还会出现手掌大小的紫红色浮皮，胸部、颈部、背部、胳膊可见到树枝状雷击纹等，这与今天所见被雷击死的尸体外表完全吻合。雷电击死者，其尸体外表检验的特征性改变，就是雷击后胸部等处体表皮肤上出现的似树枝状的雷电击纹。

凡被雷震死者，其尸肉色焦黄，浑身软黑，两手拳散，口开眼跛^①，耳后发际焦黄，头髻披散，烧着处皮肉紧硬而挛缩^②，身上衣服被天火烧烂^③。或不火烧。伤损痕迹，多在脑上及脑后，脑缝多开，鬓发如焰火烧着。从上至下，时有手掌大片浮皮紫赤，肉不损，胸、项、背、膊上或有似篆文痕④。

【注释】

①皴（chuò）：皮破损、剥落。

②挛缩：抽缩，紧缩。

③天火：指雷电。

④似篆文痕：像篆文一样的痕迹。即红褐色树枝状花纹，也叫雷击纹。

【译文】

凡是被雷击死的，尸体皮肤呈焦黄色，全身变软发黑，两手拳头伸开，嘴巴张开、眼皮剥落，耳后发际颜色焦黄，发髻披散，被雷电烧着的地方皮肉坚硬而紧缩，身上的衣服被雷电烧烂。有的没被烧。雷击的伤痕，多在头顶部和脑后部，颅缝多开裂，两鬓的头发像被火焰烧着一样。从头到脚，常有手掌大小的紫红色浮皮出现，肌肉不会损伤，胸部、颈部、背部、胳膊上有时还会出现像篆文一样的雷击痕迹。

四十一　虎咬死

【题解】

本节对虎咬伤的部位和伤口的特征等写得较为详细。例如，老虎咬人大多咬在头部、颈部，身上则有爪伤痕和撕裂痕；受伤部位常常被咬成窟窿，有的甚至能见到骨头；伤痕多不整齐，有牙咬和舌舐的痕迹；地上则有老虎脚印。虽然现在被虎咬伤或咬死需做法医学鉴定者已非常少见，但本节文字记录的被大型哺乳类动物咬伤的特点仍有借鉴意义。

凡被虎咬死者，尸肉色黄，口眼多开，两手拳握，发髻散乱，粪出。伤处多不齐整①，有舌舐齿咬痕迹。

【注释】

①伤处多不齐整：被虎所伤，有齿咬痕，有撕裂痕，甚至深及骨头或咬断骨头，因此伤处大多不整齐。

【译文】

凡是被老虎咬死的，尸体皮肤发黄，嘴和眼睛大多张开着，两手握拳，头发散乱，有大便流出。咬伤的地方大多不整齐，有老虎舌头舐舐、牙齿撕咬的痕迹。

虎咬人多咬头项上，身上有爪痕、掰损痕。伤处成窟，或见骨，心头、胸前、臂腿上有伤处，地上有虎迹①。勒画匠画出虎迹，并勒村甲及伤人处邻人供责为证。一云：虎咬人月初咬头项，月中咬腹背，月尽咬两脚。猫儿咬鼠亦然。

【注释】

①迹：脚印，足迹。

【译文】

老虎咬人大多咬在头部和颈部，身上有爪伤痕和撕裂痕。受伤部位常被咬成窟窿，有的可以见到骨头，心口、胸前、手臂和腿上有伤痕，地上有老虎的脚印。令画工画出现场老虎的脚印，并命令村里的保甲及当地邻人负责陈述作证。一说：老虎咬人月初咬头部、颈部，月中咬腹部、背部，月末咬双脚。猫咬老鼠也是如此。

四十二　蛇虫伤死

【题解】

被毒蛇或毒虫咬伤、蜇伤是农村和农林业生产中一种较常见的意外损伤,也有报道被人用作杀(伤)人的,如未及救治,部分病例可能死亡。对被毒蛇、毒虫咬伤致死者的检验,书中主要讲了两点:一是伤处有被咬或被蜇的微小黑痕;二是周围青肿,全身也会虚肿、发亮。这些都是检验"蛇虫伤死"的主要证据。现在检验这类损伤时,除要观察伤处的这些变化外,还要检验确定相应的毒物,这对于那些没有目击证人的野外中毒死者尤为重要。

凡被蛇虫伤致死者[1],其被伤处微有啮损黑痕[2],四畔青肿,有青黄水流,毒气灌注四肢,身体光肿,面黑。如检此状,即须定作毒气灌着甚处致死。

【注释】

[1]蛇虫:毒蛇与毒虫。

[2]啮损黑痕:即毒蛇、毒虫造成的咬痕或蜇痕。蛇、蜈蚣、蜘蛛、蝎子等有毒腺,当咬或蜇伤人时会注入毒液使人中毒,局部出现咬痕或蜇痕,全身有中毒表现。

【译文】

凡是被毒蛇或毒虫咬伤致死的,其伤处有不明显的被咬伤的黑痕,四周青肿,有青黄色的液体流出,毒气侵注到四肢,全身就会胀肿而发亮,面部发黑。如果检验出上述情况,就应当验定为被毒蛇或毒虫咬伤而使毒气侵入到某个部位导致死亡。

四十三　酒食醉饱死

【题解】

"酒食醉饱死"是指因饮酒过量、饮食过饱导致的死亡。其真正的死亡原因较复杂，可能是长期或大量饮酒后导致酒精中毒而死；可能是因"酒食醉饱"诱发急性坏死性胰腺炎，或诱发原患严重心脑血管疾病而死；也可能是过量进食酒菜等引起胃潴留和急性胃扩张而死。文中已涉及这些死因中的大部分内容，说明宋慈对这些内容有较深刻的研究。特别难能可贵的是，他对这类死亡的检验强调了案情调查和排除损伤。如尸检前应先召集参加聚餐的人到场，然后看看有无伤痕，还要问明死者生前一般喝多少酒醉倒，再问明聚餐人死者本次喝了多少酒，据此推断其死亡原因。此外，严重腹胀也可影响心肺以致死亡。过量进食酒菜而引起胃潴留和急性胃扩张致死只是其中的死因之一，法医学上因"酒食醉饱"诱发急性坏死性胰腺炎或是诱发原患严重的心脑血管疾病而死亡的也并不少见。

凡验酒食醉饱致死者，先集会首等①，对众勒仵作、行人用醋汤洗检。在身如无痕损，以手拍死人肚皮，膨胀而响者，如此即是因酒食醉饱过度，腹胀心肺致死。仍取本家亲的骨肉供状，述死人生前常吃酒多少致醉，及取会首等状，今来吃酒多少数目，以验致死因依②。

【注释】

①会首：组织聚会的主人家。

②因依：原因，原委。

【译文】

凡是检验因过量进食酒饭而死的尸体,应先召集组织聚餐的主家以及参与者,命令仵作、行人当众用醋水擦洗检验尸体。尸体上如果没有伤痕,就用手拍拍死者的肚皮,膨胀而有声响的,这种情况便是因过量进食酒饭,导致严重腹胀影响心肺而死亡。还要录取死者亲属的书面供词,写明死者生前一般喝多少酒会醉倒,再录取组织聚餐的主家等人的供词,写明死者本次喝了多少酒,据此验明其死亡原因。

四十四　醉饱后筑踏内损死

【题解】

"醉饱后筑踏内损死"是指酒饭吃得太饱被人撞击蹬踏腹部致内脏受伤而引起的死亡。与上一节相比,虽然同是"酒足饭饱",但二者的死亡方式有别。上节的"酒食醉饱死"是由于自身原因或疾病所致,没有外因参与;而本节的"醉饱后筑踏内损死"则是由于受到外部的伤害,导致内脏受伤而死。外部的伤害可能是一种促进、诱发因素,因此伤人者要负相应的法律责任。宋慈不仅将这两种情况区别开来,而且告诫人们:这种情况从症状上很难验明,尸体外表没有其他伤痕,遇到这种情况,应仔细调查研究,死者生前是否曾与人争斗,因而被撞击蹬踏。目击者的证词要与尸体上的痕迹对应清楚,才可下定结论。其中要将证词与尸体两相对照方可下结论的论述,可谓金玉良言。

凡人吃酒食至饱,被筑踏内损①,亦可致死。其状甚难明,其尸外别无他故,唯口、鼻、粪门有饮食并粪,带血流出。遇此形状,须仔细体究②,曾与人交争,因而筑踏。见人照证分明③,方可定死状。

【注释】

①筑踏：撞击蹬踏。

②体究：体察探究。

③见人：目击者。

【译文】

凡是人酒饭吃得太饱，被人撞击蹬踏腹部使内脏受伤，也会致命。这样死亡的，从症状上很难验明，尸体外表没有其他伤痕，只有口、鼻有食物，肛门有粪便，均带血流出。遇到这种情况，应仔细调查研究，死者生前是否曾与人争斗，因而被撞击蹬踏。目击者的证词要与尸体上的痕迹对应清楚，才可确定结论。

四十五　男子作过死

【题解】

所谓"男子作过死"是与男子性交有关的死亡，可能有两种不同情况：一种是男子性交过度，精力衰竭，身体虚脱而死；另一种是性交诱发的猝死。后者与"酒食醉饱死"类似，是一种病死，即患有严重心脑血管疾病的人，因性交诱发疾病而死。这样的"病人"生前可能有这些疾病的症状，也可能没有任何症状，而在性交时发生猝死。宋慈指出，这类案件的真假不可不察，但文中所讲"真的则阴茎仍然坚挺，假的则阴茎绵软"，却缺乏科学依据和统计资料的支持。

凡男子作过太多①，精气耗尽，脱死于妇人身上者②，真伪不可不察。真则阳不衰③，伪者则痿④。

【注释】

①作过太多：指男子性交过度。

②脱死：身体虚脱而死。

③阳：指阴茎。不衰：不软，坚挺。

④痿：软。

【译文】

凡是男子因性交过度，精气耗尽，虚脱死在女人身上的，真假不可不审察。真的是男子因性交过度而死的，则阴茎仍然坚挺，假的则阴茎绵软。

四十六　遗路死

【题解】

此处的"遗路死"不仅指一般意义上的在路上发生的死亡，而且包括被人打死后抬到路旁，而当地耆正只以"死在路边的尸体"报案的死亡情形。正如文中强调的那样，对于这类尸体不仅要仔细检验，如有伤痕，还要多方调查。因为罪犯有可能为了逃脱罪责而谎称死者是病死的，或者被不知情的人误以为死者是病死在路上而报案。如果不查明死者生前所受的伤和真正的死因，就会让罪犯逃脱法律制裁，甚至冤枉好人。

　　或是被打死者，扛在路傍，耆正只申官作遗路死尸①，须是仔细。如有痕迹，合申官，多方体访②。

【注释】

①耆（qí）正：地方上协助官府缉拿盗贼、维护治安的人。

②体访：察访，调查。

【译文】

有的尸体是被人打死后，抬到路旁的，当地耆正报官只说是死在路边的尸体，这样的尸体要仔细检验。如果有伤痕，应该报官，多方察访。

四十七　死后仰卧停泊有微赤色

【题解】

死后仰卧停泊有微赤色,是指人死后仰卧停放时,在尸体低下部位出现的淡红色尸斑。人死后,血液因重力而坠积于低下部位未受压迫的血管,并在该处皮肤呈现有色斑痕,称为尸斑。这是早期死后变化的主要内容之一。

与本书第十节"四时变动"的死后变化不同,本节涉及的死后变化的内容不多,专讲尸斑问题。法医学上尸斑可分为三期:坠积期、扩散期和浸润期。尸斑一般自死后 1～2 小时开始,但是也有的早在半小时或迟至 6～8 小时才开始出现。其分布依尸体的姿势而异,但都位于尸体的低下部位。如仰卧位时,尸斑出现于尸体的项、背、腰、臀及四肢低下部位和躯干的两侧。处于坠积期的尸斑,因下坠的血液局限于血管内,故用手指按压尸斑可以暂时褪色,移去手指又会重新出现。一般在死后约 6 小时内,如果变换尸体的体位,则原已形成的尸斑可逐渐消失,而在新的低下部位会重新出现尸斑,这种现象称为尸斑的转移;在死亡 6 小时以后再改变尸体的体位时,则原有的尸斑不再完全消失,而在新的低下部位又可出现尸斑,称为两侧性尸斑。这在法医学上具有十分重要的意义,即根据早期尸斑的位置和分布情况,可推测死亡时的体位和死后尸体的位置有无变动。

尸斑的颜色主要取决于血红蛋白及其衍生物的颜色。正常人血液中氧合血红蛋白呈鲜红色,人死后血中氧合血红蛋白转变成还原血红蛋白,而呈暗红色,透过皮肤呈暗紫褐色。尸斑的颜色可受多种因素影响,如种族、死因、死亡时间和环境温度等。因为其颜色并非只有一种,所以具有十分重要的法医学意义,有时可提示死亡原因。例如,氰化物中毒的尸体,由于血液中氰化血红蛋白的形成,尸斑可呈鲜红色;一氧化碳中毒的尸体,因血液中有碳氧血红蛋白,故其尸斑呈较特殊的樱桃红色。

尸斑的颜色有这些不同的变化,因此法医学检验时不能把尸斑误认为是生前受伤的表现。宋慈已经认识到了这一点,这是非常了不起的。

　　凡死人项后、背上、两肋、后腰、腿内、两臂上、两腿后、两曲䐐、两脚肚子上下有微赤色①,验是本人身死后一向仰卧停泊,血脉坠下,致有此微赤色,即不是别致他故身死。

【注释】

　　①曲䐐(qiū):即腘窝,膝关节后方、大腿与小腿交界处的凹陷。

【译文】

　　凡是尸体后颈部、背上、两季肋区、后腰部、腿内侧、两臂上、两腿后侧、两腘窝、两小腿肚子上下有淡红色的,经检验证明是死者死后一直仰卧停放,血液下坠积聚,导致出现这种淡红色尸斑,就可以确定不是因为别的原因而死亡。

四十八　死后虫鼠犬伤

【题解】

　　与上一节的"死后仰卧停泊有微赤色"一样,本节的"死后虫鼠犬伤"也是有关死后尸体变化的内容,是指人死后被虫子、老鼠或狗咬伤。虽然所写内容不多,但基本包括了检验的要点。一是"人死后被虫类或老鼠咬伤的,只是咬破皮肉,不会出血",二是"被咬处周围有虫类、老鼠啮咬的痕迹,皮肉并不整齐","如果是被狗咬的,咬痕则比较粗大"。宋慈能在他那个时代就注意到动物、自然环境因素对尸体的毁坏,引进"死后动物伤"的概念,对提高检验质量和避免错误有重要意义,说明在当时他的法医学知识不仅丰富全面,而且严谨务实。

值得一提的是,本节的死后被虫所伤,第四十二节的生前被虫所伤,以及尸体检验各节中关于利用人死后蛆虫在尸体上的生长发育推断死亡时间的介绍,共同形成了我国古代法医昆虫学的内容,是对人类法医学发展的又一重大贡献。

凡人死后被虫鼠伤,即皮破无血,破处周回有虫鼠啮痕踪迹,有皮肉不齐去处。若狗咬则痕迹粗大。

【译文】

凡是人死后被虫类或老鼠咬伤的,只是咬破皮肉而不会出血,被咬处周围有虫类、老鼠啮咬的痕迹,皮肉并不整齐。如果是被狗咬的,则咬痕比较粗大。

四十九　发冢

【题解】

发冢,即盗掘坟墓。关于坟墓被盗的检验,现代法医学上已很少见。与第十三节的验坟内尸不同,本节是关于所埋葬尸体被人盗挖后的尸体的检验,而验坟内尸则是"尸体发掘",即开棺验尸。在本节关于坟墓被盗的检验中,宋慈首先介绍了坟墓的检验,其次才是检验尸体。看起来验看坟墓与法医学尸体检验没有关系,但却符合现代法医学理念。由此可见,宋慈的思维方式是很科学先进的,检验方法也是比较成熟的。

验是甚向^①,坟围长阔多少。被贼人开锄,坟土狼藉,锹锄开深尺寸,见板或开棺见尸^②,勒所报人具出死人原装着衣服物色^③,有甚不见,被贼人偷去。

【注释】

①向：方向，方位。

②板：指棺材板。

③物色：物品，用品。这里指随葬的器物。

【译文】

检验被盗的坟墓时要验看坟墓坐落在什么方位，坟墓的长和宽是多少。被盗墓贼掘开，坟土凌乱的，要测量出被挖掘的深度是多少，是只露出棺材板还是棺材已被打开露出了尸体，令报案的墓主家人详细说出墓主原来穿着什么衣服，有什么随葬品，并验看有什么东西不见了，是否被盗墓贼偷走。

五十　验邻县尸

【题解】

宋朝法律规定，初检有疑问，怀疑是"杀伤""非理死"等，应请邻县官员复检。本节实际上就是关于复检的，并以"尸体白骨化"为例介绍了复检的程序和方法。特别强调："处理这种案件时不要被官府差役所欺骗，轻率地定作'无从检验'"，"只要稍有检验条件，就应先用水洗去表面蛆虫，按检验方法仔细检验"。可见其对复检的态度是很严格认真的。但需要指出的是，对腐败尸体先用水冲洗蛆虫再进行检验的做法，如果按照现在的检验程序和方法来看，是不合适的。任何尸体均应遵循"先静后动"的原则，先拍照或录像，然后才冲洗，冲洗后再次拍照，以保全证据，并将前后两次的照片进行对比分析。如果不先行拍照就搬动尸体或冲洗尸体，就可能导致丢失某些证据或破坏损伤的原状，造成不可挽回的损失。本书没有涉及记录或绘画的问题，可能与技术条件所限有关。

此外，"验邻县尸"也是宋朝的法律制度，对某些重大案件或法律规定的案件，当地检验官员应回避，由邻县检验。这一规定，对提高检验质量和完善法医检验制度有着重要意义，值得借鉴。

　　凡邻县有尸在山林荒僻处，经久损坏，无皮肉，本县已作病死检了，却牒邻县复①。盖为他前检不明②，于心未安，相攀复检。如有此类，莫若据直申③：其尸见有白骨一副，手、足、头全，并无皮肉、肠胃。验是死经多日，即不见得因何致死。所有尸骨未敢给付埋殡，申所属施行。不可被公人绐作无凭检验④。

【注释】

①复：复检。

②前检：指初检。

③据直：据实。

④绐（dài）：欺骗。

【译文】

　　凡是邻县发现有尸体在山林间荒凉偏僻的地方，隔的时间久了尸体腐烂，皮肉无存，该县已做完检验，定作病死，然后发公文请邻县官员进行复检。这是因为他们对初检的结论没有把握，于心不安，所以拉来邻县官员复检。如果有这种情况，不如据实申报：该尸体现在只剩一副白骨，四肢骨骼和颅骨齐全，皮肉、胃肠全无。经过检验死者已死多日，无法验出致死原因。现在尸骨不敢交付相关人员殡殓埋葬，申报所属上级处置。处理这种案件时不要被官府差役所欺骗，轻率地定作"无从检验"。

　　凡被牒往他县复检者，先具承牒时辰、起离前去事状，申所属官司。值夜止宿。及到地头，次弟取责干连人罪状①、致死、今经几日方行检验。如经停日久，委的皮肉坏烂不任看验者^②，即具仵作、行人等众状，称：尸首头、项、口、眼、耳、鼻、咽喉上下至心胸、肚脐、小腹、手脚等，并遍身上下尸胀臭烂，蛆虫往来唼食，不任检验。如稍可验，即先用水洗去浮蛆虫，仔细依理检验。

【注释】

①次弟：依次。干连人：与案件有牵涉的人。

②委的：的确，确实。

【译文】

凡是受公文约请前往邻县复检的官员，先要把接到公文的时间、动身前往邻县的情况，申报所属上级官府。途中遇到夜晚应住宿。等到达现场后，依次讯问案件相关人员的罪状、死者死亡原因、案发后多久才检验等。如果尸体停放太久，确实皮肉已腐烂而无法检验的，就要让仵作、行人等共同出具书面报告，写明：尸体的头、颈、口、眼、耳、鼻、咽喉上下至胸部、肚脐、下腹部、四肢等部位，以及全身上下都肿胀臭烂，蛆虫往来唼食，已无法检验。只要稍有检验条件，就应先用水洗去表面蛆虫，按检验方法仔细检验。

五十一　辟秽方

【题解】

"辟秽方"是关于避除污秽物的中药方剂。一是避尸臭的"三神汤"，二是驱除肮脏、污秽物的"辟秽丹"。这看起来与法医检验关系不大，但实则提出了法医学工作中的一个十分重要的问题——法医学工作防护问题。这在今天尤为重要。法医学工作防护主要包括两方面：一是法医工作者自身的防护，二是法医尸检等工作时对他人和环境的保护。

由于法医尸检等工作难免要接触多种毒物和传染病,因此在实际工作中自我防护非常重要。并且,法医在现场勘查、尸检、毒物化验等工作中处理过的有毒物质,不仅不能随意丢弃,而且还要对其工作的台面和场所进行消毒。虽然随着时代的进步,宋慈介绍的药方现在已不再使用了,但他在文中暗示的法医学工作防护的思想仍具有十分重要的意义。

三神汤　能辟死气①。

苍术②二两,米泔浸两宿③,焙干④　白术⑤半两　甘草⑥半两,炙⑦

右为细末⑧,每服二钱,入盐少许,点服⑨。

辟秽丹　能辟秽气。

麝香⑩少许　细辛⑪半两　甘松⑫一两　川芎⑬二两

右为细末,蜜圆如弹子大⑭,久窖为妙⑮,每用一圆烧之。

苏合香圆　每一圆含化,尤能辟恶⑯。

【注释】

①辟:驱除。死气:指尸臭。

②苍术(zhú):中药名。有健脾祛湿的功效。

③米泔:洗米水。

④焙(bèi)干:烘干。

⑤白术(zhú):中药名。能健脾益气。

⑥甘草:中药名。有清热解毒的作用。

⑦炙:中药制法之一。把药材和汁液辅料同炒,使辅料渗入药材中。

⑧右:以上。古人书写是由右至左,右即指以上所说。

⑨点服:用水冲服。

⑩麝香:中药名。雄麝腹部下方香腺中的分泌物,干燥后呈颗粒状

或块状,有特殊香气。

⑪细辛:中药名。又名少辛、小辛,有祛风散寒的作用。

⑫甘松:中药名。因有强烈松脂气味而得名,有行气、止痛的功效。

⑬川芎(xiōng):中药名。可以活血、止痛。

⑭蜜圆:即蜜丸,中药丸剂的一种,是用蜂蜜作为黏合剂,调和药物粉末制成的丸药。

⑮窨(yìn):藏进地窖。

⑯恶:中毒。

【译文】

三神汤　能驱除尸臭。

苍术二两,洗米水浸泡两夜,焙干　白术半两　甘草半两,炙

以上各种药研磨成粉末,每次服两钱,放入少许盐,用水冲服。

辟秽丹　能驱除秽气。

麝香少许　细辛半两　甘松一两　川芎二两

以上各种药研磨成粉末,制成如弹子大的蜜丸,放进地窖里久藏最好,每次使用时拿一丸烧出烟。

苏合香圆　每次用一丸含在嘴里化开,避毒效果很好。

五十二　救死方

【题解】

本节的"救死方"与上一节的"辟秽方"一样,虽然不是法医本身的主要工作,但却与日常工作密切相关。文中记述了几种危及生命的情况的抢救方法,包括上吊、溺水、中暑、受冻、梦魇、中恶、杀伤、胎动不安、受惊吓等。从文中可以看出,那时检验人员的思维模式与今天几乎是一致的。第一,从检验者角度理解,当法医赶到现场时,除了考虑如何检案或检验尸体外,很重要的一点是检查判断伤病者是否死亡。如未死亡,

必须紧急送医或在现场简单施救后再送医治疗。当然,随着现代医学的发展,法医不再需要通过学习各种药方来抢救生命垂危者,而只要运用一些诸如包扎、心脏按压或人工呼吸等医学救助方法,并帮助联络即可。第二,从被害者角度理解,被害人往往是案件的知情人。宋朝有"剉口词"的法律制度,抢救伤者后录取口供,对查明案情真相有重要意义。从本节可以看出,当时已经形成了一套相对完整的法医学检案程序。当然,其中提及的抢救方法,有的有一定的科学依据,有的则属无稽之谈。

　　若缢,从早至夜,虽冷亦可救,从夜至早稍难。若心下温,一日以上犹可救。不得截绳,但款款抱解放卧^①,令一人踏其两肩,以手拔其发,常令紧,一人微微撚整喉咙^②,依元以手擦胸上散动之;一人磨搦臂足屈伸之^③。若已僵,但渐渐强屈之,又按其腹。如此一饭久,即气从口出,得呼吸,眼开。勿苦劳动,又以少官桂汤及粥饮与之^④,令润咽喉。更令二人以笔管吹其耳内。若依此救,无有不活者。

　　又法,紧用手罨其口^⑤,勿令通气,两时许,气急即活。

　　又,用皂角、细辛等分为末^⑥,如大豆许,吹两鼻孔。

【注释】

①款款:慢慢。

②撚(niǎn):揉搓,搓捻。

③磨搦(nuò):按摩。

④官桂汤:汤药名。官桂,常绿乔木,树皮可入药。

⑤罨(yǎn):掩盖。

⑥皂角:即皂荚,有散结消肿的功效。

【译文】

如果是上吊的，从早上吊到夜晚，即使身体已经变冷也还能救活，如果是从夜晚吊到早上的就比较难救了。如果心窝还温热，则吊了一天以上的还可以救活。抢救时不能截断吊绳，只能抱住上吊的人慢慢地解开绳子放他下来仰卧着，让一个人踏住他的两肩，用手拉住他的头发，要一直拉紧；另一个人轻轻地揉搓调整他的喉咙，并用手按圆周揉擦他的胸口疏通活动血脉；一个人按摩他的四肢使之屈伸。如果上吊的人身体已经僵硬，就只能慢慢地使之弯曲，再按揉他的腹部。这样经过大约一顿饭时间，就会有气从口中吐出来，能呼吸了，眼睛也睁开了。此时，抢救的人不要怕劳苦，再喂他一点官桂汤和粥，让他润润咽喉。再叫两个人用笔管向他的耳朵里吹气。如果照这个方法抢救，没有救不活的。

另一种方法：用手紧紧捂住上吊人的嘴，不要让他通气，经过两个时辰左右，气憋急了就活了。

还有一种方法：把相同分量的皂角、细辛混合研磨成粉末，取大豆大小的一撮，吹进两个鼻孔里。

水溺一宿者尚可救。捣皂角以绵裹纳下部内，须臾出水即活。

又，屈死人两足，着人肩上，以死人背贴生人背，担走，吐出水即活。

又，先打壁泥一堵，置地上，却以死者仰卧其上，更以壁土覆之，止露口眼，自然水气翕入泥间①，其人遂甦②。洪丞相在番阳③，有溺水者，身僵气绝，用此法救即甦。

又，炒热沙覆死人面，上下着沙，只留出口、耳、鼻，沙冷湿又换，数易即甦。

又，醋半盏，灌鼻中。

又，绵裹石灰纳下部中，水出即活。

又，倒悬，以好酒灌鼻中及下部。

又，倒悬解去衣，去脐中垢，令两人以笔管吹其耳。

又，急解死人衣服，于脐上灸百壮^④。

【注释】

①翕（xī）：聚，收。

②甦（sū）：复活，苏醒。

③洪丞相：宋代洪姓丞相只有洪适一人，故这里应指洪适。洪适
（1117—1184），字景伯，饶州鄱阳（今江西鄱阳）人。乾道元年
（1165），任参知政事，同年拜尚书右仆射、同中书门下平章事兼
枢密使。番阳：即"鄱阳"，县名，在今江西鄱阳。

④灸百壮：艾灸一百次。壮，灸法术语，点燃一个艾柱施灸，直至艾
柱熄灭，这个过程称为"一壮"。

【译文】

被水淹溺一宿还能救活。办法是把皂角捣烂用绵絮包好塞进肛门
里，不多久肛门流出水来就活了。

还有一种方法：弯曲死者的两条腿，倒挂在抢救者的肩膀上，让死者
的后背贴着抢救者的后背，背着走，嘴里吐出水来就活了。

还有一种方法：先打碎一堵土墙的干泥，铺在地上，然后让死者仰卧
在上面，再用干墙泥覆盖全身，只露出嘴和眼睛，身上的水气自然就会被
干泥吸收，人就苏醒过来了。洪丞相在番阳时，有溺水的人，身体僵硬、
呼吸停止，用这个方法施救就苏醒了。

还有一种方法：把炒热的沙子盖在死者脸上，全身上下也盖上热
沙子，只留出嘴、耳朵、鼻子，沙子变冷变湿就换上热沙子，换几次就苏
醒了。

还有一种方法：取半杯醋，灌入溺水者的鼻孔里。

还有一种方法：用绵絮包裹石灰塞进溺水者的肛门里，有水流出来就活了。

还有一种方法：把溺水者倒悬，用上好的酒从鼻孔和肛门灌入。

还有一种方法：把溺水者倒悬并脱去衣服，除去肚脐中的污垢，让两个人用笔管向他的耳朵里吹气。

还有一种方法：迅速脱去死者的衣服，在肚脐上艾灸一百次。

　　暍死于行路上①，旋以刀器掘开一穴，入水捣之，却取烂浆以灌死者，即活。中暍不省人事者，与冷水吃即死。但且急取灶间微热灰壅之，复以稍热汤蘸手巾，熨腹胁间，良久甦醒，不宜便与冷物吃。

【注释】

①暍（yē）：中暑。

【译文】

　　因中暑昏死在路上的，马上用刀在泥地上挖开一个小坑，灌入水捣成泥浆，然后把烂泥浆灌入中暑者口中，就活了。中暑后不省人事的，给他冷水喝就会立即死亡。只能赶紧用灶中微热的炭灰掩盖住他，再用手巾蘸稍热的水，熨他的腹部和两季肋区，一段时间后就会苏醒，不能把冷的食物给他吃。

　　冻死，四肢直，口噤①。有微气者，用大锅炒灰令暖，袋盛熨心上，冷即换之。候目开，以温酒及清粥稍稍与之。若不先温其心，便以火炙，则冷气与火争，必死。

　　又，用毡或藁荐卷之②，以索系，令二人相对踏，令滚转往来如衦古旱切,摩展衣也。毡法^③,候四肢温即止。

【注释】

①噤（jìn）：关闭，封闭。

②薧（gǎo）荐：草垫子，草席子。

③衦（gǎn）毡：把毛毡碾压平整。衦，碾压衣服上的褶皱，使其舒展平整。

【译文】

　　冻死的人，四肢僵直，嘴巴紧闭。尚存微弱呼吸的，可用大锅炒灰至温热，用袋子装好，熨他的胸口，灰冷后再换热的。等眼睛睁开后，稍微给他喝点温酒和稀粥。如果不先使他心口转暖，就用火烤，那么身上的冷气与火相激，必定加速死亡。

　　另一种方法：用毛毡或草席把被冻僵的人卷起来，用绳子系住，让两个人面对面用脚推动，使之来回滚动像压平音古旱切,把衣服摩展平整的意思。毛毡的方法一样，等四肢转暖后就可以停止了。

　　魇死^①,不得用灯火照,不得近前急唤,多杀人。但痛咬其足根及足拇指畔,及唾其面,必活。

　　魇不省者,移动些小卧处,徐徐唤之即省。夜间魇者,原有灯即存,原无灯切不可用灯照。

　　又,用笔管吹两耳,及取病人头发二七茎,撚作绳刺入鼻中。

　　又,盐汤灌之。

　　又,研韭汁半盏灌鼻中。冬用根亦得。

　　又,灸两足大拇指聚毛中三七壮。聚毛乃脚指向上生毛处。

又，皂角末如大豆许，吹两鼻内，得嚏则气通，三四日者尚可救。

【注释】

①魇（yǎn）死：睡眠中猝死。现代法医学研究表明，这类睡眠中死亡多发生在青壮年，多为男性，死因不明，又称青壮年猝死综合征。

【译文】

遇到夜间梦魇者，不能用灯火照，不能在他面前急切呼唤，这样做往往会使人失去生命。只要重重地咬他的脚后跟和大脚趾旁，并向他脸上吐唾沫，就一定能救活。

梦魇不省人事的，可稍稍移动一下他躺卧的地方，慢慢地呼唤他，就可以醒来。夜间梦魇的，房间原来有灯的就不要熄灭，原来没有点灯的千万不要用灯照。

还有一种方法：用笔管向其两耳吹气，并拔下病人的头发十四根，搓捻成细绳刺入他的鼻孔。

还有一种方法：把盐水灌进鼻子里。

还有一种方法：研磨韭菜取汁半杯灌进鼻子里。冬天用韭菜根也可以。

还有一种方法：在两脚大脚趾上聚毛的地方灸二十一次。聚毛就是脚趾向上长毛的地方。

还有一种方法：取像大豆大小的一撮皂角粉末，吹进两个鼻孔内，打了喷嚏气就通了，梦魇不省人事三四天的也还能救活。

中恶客忤卒死①。凡卒死，或先病，及睡卧间，忽然而绝，皆是中恶也。用韭黄心于男左女右鼻内，刺入六七寸，令目间血出即活。视上唇内沿有如粟米粒，以针挑破。

又，用皂角或生半夏末如大豆许②，吹入两鼻。

又，用羊屎烧烟熏鼻中。

又，绵浸好酒半盏，手按令汁入鼻中，及捉其两手，勿令惊，须臾即活。

又，灸脐中百壮，鼻中吹皂角末，或研韭汁灌耳中。

又，用生菖蒲研取汁一盏灌之③。

【注释】

①中恶客忤卒死：即得暴病突然死亡。恶，不正之气。客，邪祟的代称。忤，触犯。卒死，即猝死。

②半夏：中药名。有镇咳祛痰的功效，生用有毒，内服须限量。

③菖蒲：中药名。有香气，可消肿止痛、避疫驱邪。

【译文】

得暴病突然死亡。凡是猝死的，有的原来就有病，等到睡觉的时候，突然气绝身死，这都是中恶的表现。将韭黄嫩心插入病人的鼻孔（男左女右），深入六七寸，使眼睛间有血液流出就活过来了。验看病人上嘴唇内沿有小米粒大小的疮，用针挑破。

还有一种方法：取大豆大小的一撮皂角或生半夏粉末，吹进两鼻孔里。

还有一种方法：用羊屎烧烟熏鼻孔。

还有一种方法：把丝绵浸泡在半杯好酒里，取出丝绵用手按压，把酒滴入鼻孔，并握住病人的双手，不要让他惊恐，一会儿就能救活。

还有一种方法：艾灸肚脐处一百次，往鼻孔里吹皂角末，或把捣烂的韭菜汁灌进耳朵里。

还有一种方法：捣烂生菖蒲取汁一杯给病人灌进去。

　　杀伤。凡杀伤不透膜者，乳香、没药各一皂角子大[①]，研烂，以小便半盏、好酒半盏同煎，通口服。然后用花蕊石散[②]，或乌贼鱼骨或龙骨为末[③]，傅疮口上立止[④]。

　　推官宋瑑定验两处杀伤[⑤]，气偶未绝，亟令保甲各取葱白热锅炒熟，遍傅伤处，继而呻吟，再易葱，而伤者无痛矣。曾以语乐平知县鲍旂[⑥]。及再会，鲍曰："葱白甚妙，乐平人好斗多伤，每有杀伤，公事未暇诘问，先将葱白傅伤损处，活人甚多，大辟为之减少[⑦]。"出张声道《经验方》[⑧]。

【注释】

①乳香：中药名。为乳香木的凝固树脂，有活血止痛、消肿生肌的作用。没药：中药名。为地丁树的凝固树脂，可散瘀定痛。

②花蕊石散：用花蕊石、黄柏皮、黄连等制成的散剂，有解毒敛疮的功效。

③乌贼鱼骨：乌贼鱼的内壳，也叫海螵蛸，有止痛、止血的作用。龙骨：为古代大型哺乳类动物的骨骼化石，可治疮口久溃不敛。

④傅：通"敷"。

⑤推官：州、府的属官，协助长吏治本州、府公事。宋瑑（zhuàn）：生平不详。

⑥乐平：县名，在今江西乐平。鲍旂（qí）：生平不详。

⑦大辟为之减少：打死了人要被判死刑，但受伤者被救活了，因此被判死刑的就少了。大辟，死刑。

⑧张声道：字声之，温州瑞安（今浙江瑞安）人。曾任湖南提刑。通医术，著有《产科大通论方》《经验方》等。

【译文】

救治被杀伤的人。凡是被杀伤但没有穿透腹膜的，取乳香、没药各如皂角子大的一块，磨成粉末，与半杯尿、半杯好酒一起煎，让伤者喝下去。然后用花蕊石散，或乌贼鱼骨或龙骨研成粉末，敷在伤口上就能立刻止血。

推官宋璩检验过一个身上有两处杀伤的人，当时见伤者还有一丝气，就立刻叫保甲取来葱白放在热锅里炒熟，敷满受伤的地方，不久伤者呻吟，再换葱白，伤者就慢慢不觉得痛了。宋璩曾把这个方法告诉乐平知县鲍旂。等到两人再见面时，鲍旂说："葱白很好用，乐平人好斗，常有人受伤，每逢有杀伤案件，还无暇顾及审问案情及嫌犯，就先用葱白为伤者敷伤口，救活了很多人，被判死刑的也因此减少。"这个方子出自张声道的《经验方》。

胎动不安。凡妇人因争斗胎不安，腹内气刺痛、胀、上喘者：

川芎一两半　当归①半两

右为细末，每服二钱。酒一大盏，煎六分，炒生姜少许在内，尤佳。

又，用苎麻根一大把②，净洗，入生姜三五片，水一大盏，煎至八分，调粥饭与服。

【注释】

①当归：中药名。有补血、调经的作用。

②苎（zhù）麻根：中药名。可治疗胎动下血、热病大渴等症状。

【译文】

治疗孕妇胎动不安。凡是孕妇因为与人争斗而动了胎气，腹内刺痛、胀气、气喘不已的：

川芎一两半　当归半两

　　以上药物研磨成细末,每次服两钱。若加入一大杯酒,煎至剩余十分之六,炒少量的生姜放在里面,效果更好。

　　还有一种方法:用苎麻根一大把,洗干净,放三五片生姜,一大杯水,煎到剩余十分之八,调在粥饭里给孕妇服下。

　　惊怖死者,以温酒一两杯灌之,即活。

　　五绝及堕、打、卒死等[①]**,但须心头温暖,虽经日亦可救。先将死人盘屈在地上,如僧打坐状,令一人将死人头发控放低,用生半夏末以竹筒或纸筒、笔管吹在鼻内。如活,却以生姜自然汁灌之,可解半夏毒。**五绝者:产、魅、缢、压、溺。治法,单方半夏一味。

　　卒暴、堕擿、筑倒及鬼魇死[②]**,若肉未冷,急以酒调苏合香圆灌入口,若下喉去,可活。**

【注释】

①五绝:古代"五绝"说法不一,李时珍《本草纲目》的"五绝"是缢死、溺死、压死、冻死、惊死,与宋慈介绍的产、魅、缢、压、溺不同。

②卒暴:猝死。堕擿(diān):高坠。擿,摔落。鬼魇:即梦魇。

【译文】

受惊吓而昏死的,给他灌一两杯温酒,就能活过来。

五绝以及摔死、打死、猝死等,只要心窝还有些热,即使隔了一天也还有救。先将濒死者两脚盘曲使其坐在地上,像和尚打坐的样子,再让一个人把濒死者的发髻放低,将生半夏粉末用竹筒或纸筒、笔管吹到鼻孔里。如果救活了,再给他灌生姜的原汁,可以解半夏的毒。五绝是指:难产、魅魇、上吊、塌压、溺水。救治方法是,单用半夏一味。

猝死、坠跌而死、被撞击而死以及梦魇而死,如果身体尚未冰凉,可迅速用酒调苏合香丸灌到嘴里，如果能吞下去，就可以救活。

五十三　验状说

【题解】

　　"验状说"即法医学检验报告书的介绍。法医学检案鉴定工作是通过检验报告书或鉴定意见书来反映的；其检验的程序、方法、检验所见和鉴定结论或鉴定意见均以书面形式表达。法医学鉴定意见书不仅十分重要，而且还具有法律效力和证据意义。因此，必须认真撰写，做到科学、客观、实事求是。宋慈除在卷一第三节的"检复总说下"讲到法医学检验报告书外，又在书的最后单列一节专门论述法医学检验报告书，既列举了检验报告书的主要内容，指出官府要根据检验报告进行审判，因此不可疏忽大意；检验报告开列内容不全或太简单，势必影响将来的参照使用；又告诫检验官员"检验失当罪责不轻"，根据卷一第一节"条令"，如果情况复杂不易验明，导致判定出现差错的，要杖责一百，参与检验的吏人、行人也和检验官员受同样的处罚；进而提出承担这项工作的人，务必要仔细研究。这种对验尸失当和报告错误的处罚制度和做法在今天仍有非常重要的意义，也从一个侧面说明制定和完善有关法医学工作的法律、制度的必要性和重要性。

　　凡验状须开具①：死人尸首原在甚处，如何顿放，彼处四至②，有何衣服在彼，逐一各检劄名件③。其尸首有无雕青、灸瘢④，旧有何缺折肢体及伛偻、拳跛、秃头、青紫、黑色、红痣、肉瘤、蹄踦诸般疾状⑤，皆要一一于验状声载，以备证验诈伪，根寻本原推勘⑥。及有不得姓名人尸首，后有骨肉陈理者，便要验状证辨观之。今之验状，若是简略，具述不全,致妨久远照用⑦。况验尸首,本缘非理,狱囚、军人、无主死人,则委官定验,兼官司信凭验状推勘,何可疏略?又况验尸失当,致罪非轻⑧。当是任者,切宜究之!

【注释】

①验状:验尸报告。

②四至:尸体与四周明显标志物之间的距离。

③名件:名称和件数。

④雕青:纹身,刺青。灸瘢:艾灸熏过留下的瘢痕。

⑤伛偻(yǔ lǚ):驼背。拳跛:罗圈腿。青紫、黑色:指青紫色或黑色的痣或胎记。蹄躧:原指牲口的脚,引申指手或脚上的硬茧。

⑥推勘:审问,审判。

⑦久远照用:将来的参照使用。宋朝县、州、路、刑部、大理寺都有审判权,其裁断的重要依据就是验状,所以,一份验状在未来要经过各级官员反复研究、使用;每次使用时还要在公堂上、当事人面前宣读,这种"过堂"实际上也是一种"验证";当事人家属不服而启动"理雪制度",提刑司复查而启动"录囚制度",都要对原验状进行审查。

⑧验尸失当,致罪非轻:检验工作如发生错误,罪责不轻。按卷一"条令","其事状难明,定而失当者,杖一百,吏人、行人一等科罪"。

【译文】

凡是验尸报告应开列如下内容:尸体最开始在什么地方,是如何放置的,与四周明显标志物间的距离,留有什么衣服在那里,逐一检查并记下名称和件数。尸体有没有纹身、灸痕,原来有没有肢体缺损以及驼背、罗圈腿、秃顶、青紫胎记、黑痣、红痣、肉瘤、硬茧等各种情况,都要在验尸报告上一一写明,以备验证真伪,查清案件真相并进行审判。这样,等遇到无名尸首，日后有死者亲属前来申诉的，便可以根据验尸报告对照辨认。现在的验尸报告，如果非常简略，记述得不全，就会妨碍将来的参照使用。况且检验尸体，本就是因为非正常死亡，以及狱中死亡、服军役死亡、无主尸体等原因，才委派官员来检验的，而官府又要根据验尸报告进行审判，因此怎么能疏忽大意呢？更何况检验失当，罪责不轻。承担这项工作的人，务必要仔细研究啊！

中华经典名著
全本全注全译丛书
（已出书目）

文史通义

老子

道德经

鹖冠子

黄帝四经·关尹子·尸子

孙子兵法

墨子

管子

孔子家语

吴子·司马法

商君书

慎子·太白阴经

列子

鬼谷子

庄子

公孙龙子（外三种）

荀子

六韬

吕氏春秋

韩非子

山海经

黄帝内经

素书

新书

淮南子

九章算术（附海岛算经）

新序

说苑

列仙传

盐铁论

法言

方言

潜夫论

政论·昌言

风俗通义

申鉴·中论

太平经

伤寒论

周易参同契

人物志

博物志

抱朴子内篇

抱朴子外篇

西京杂记

神仙传

搜神记

拾遗记

世说新语

弘明集

齐民要术

刘子

颜氏家训

中说

帝范·臣轨·庭训格言

坛经

大慈恩寺三藏法师传

蒙求·童蒙须知

茶经·续茶经

玄怪录·续玄怪录

酉阳杂俎

化书·无能子

梦溪笔谈

北山酒经（外二种）

容斋随笔

近思录

洗冤集录

传习录

焚书

菜根谭

增广贤文

呻吟语

了凡四训

龙文鞭影

长物志

天工开物

溪山琴况·琴声十六法

温疫论

明夷待访录·破邪论

陶庵梦忆

西湖梦寻

幼学琼林

笠翁对韵

声律启蒙

老老恒言

随园食单

阅微草堂笔记

格言联璧

曾国藩家书

曾国藩家训

劝学篇

楚辞

文心雕龙

文选

玉台新咏

词品

闲情偶寄

古文观止

聊斋志异

唐宋八大家文钞

浮生六记

三字经·百家姓·千字
文·弟子规·千家诗

经史百家杂钞